# KOMEDIJE

# KOMEDIJE

## Laža i Paralaža; Kir Janja
## Pokondirena tikva; Rodoljupci

Jovan Sterija Popović

Globland Books

# Laža i Paralaža

*(veselo pozorište)*

GOSPODARU
JOANU ANĐELKOVIĆU
trgovcu vršačkom i izbranom obščestva členu
SVOM LJUBEZNOM PRIJATELJU
DELCE OVO
njegovom pomoću troškom izdano za znak
javne i čiste blagodarnosti posvećuje

Sočinitelj.

# Predgovor

Ljudi su od prirode više smeju nego plaču sklonjeni, i zato mislim da ovo veselo pozorište pri svim nedostacima (od kojih retko koja knjiga, osobito kod nas, i pri ovim obstojatelstvama uteći može) badava na svet ne izlazi. Konac moga pisanja bio je ispravlenije; a misao, da u šali kazana istina više nego suva materija dejstvuje, na ovakovi me predmet navela; niti se ko, po mnjeniju mome, lakše popraviti daje, nego kad se sam svojim budalaštinama smejati počne. Naći će se, može biti, gdekoji od čitatelja mojih, koji su naravi Aleksi shodni; a biće i čitateljica, koje su kao Jelica vospitane; ovima ako delce moje malo mozak osoli, ja ću se radovati, i mome trudu čestitati sreću.

U Vršcu, 1. julija, 1830.

Sočinitelj.

LICA:

MARKO VUJIĆ, bogati trgovac
JELICA, njegova kći
BATIĆ
ALEKSA
MITA
MARIJA

# DEJSTVO PRVO

## I

## (Ulica.)

### ALEKSA, malo zatim MITA

ALEKSA *(drži jedno pismo u ruci)*: Dobro, dobro! Neka ide kako joj je volja: napred ili natraške, nije mi stalo. Ja sam jedanput čuo da devojka nije čovek, i to mi je dosta. Znam da je ovo proizišlo od kakvog filozofa, jer su oni i sa ženama imali parnice. Ali šta se ja za to brinem? Sledstvo je ovog izrečenija da se ne moramo baš tako strogo držati sovesti. Moja Marija! Ti si se dala u talijanske pesme:

*Ah ljubovi paklena,*
*Slatka tugo srca moga.*

Bolje da si pevala onu staru pesmu:

*Druge moje, ne budite lude!*

Tako ja mislim. — A sovet moga prijatelja? E, njemu je mesto ovde. *(Savije pismo i metne ga u džep):* Ali sad kuda ću? Hoće skoro da me izda zanat.

MITA *(stupi lagano i udari ga po ramenu)*: Aleksa!
ALEKSA: Oho, Mita! Kakav tebe vetar ovamo dotera?

MITA: Zar ti ne znaš da je prijateljstvo dva tela i jedna duša?
ALEKSA: Pravo! I ti nisi siromah, što se golih reči tiče.
MITA: Kad bi još mogle što pomoći! Jer čuj, Aleksa, moju nevolju: nisam ti od dva dana okusio!
ALEKSA: Lepo! Bar možeš i ti kakvu modu zavesti, i to najjeftiniju modu.
MITA: Ja nisam mode ljubitelj.
ALEKSA: Šta? Ceo svet trči za modom: devojke, žene, momci, bogati, siromasi, sami filozofi, i ti jedan hoćeš da budeš osim sveta! To je sramota!
MITA: Mahni se sramote, gde krče creva.
ALEKSA: Pa i to može biti po modi. Po modi ljudi kijaju, po modi nose štap, drže nož i viljušku; po modi žene nameštaju usta, osobito ako ne umu po modi da govore. Oči, kosa, haljine, hod, stajanje, sedenje, nokti: sve je to po modi, samo što niko po modi ne umire. No gle: ja zabrbljao, a ne pitam te kako si dosad živario!
MITA: Kako? Po našem običaju. Ako se ko ženi, ja provodadžija; ako je daća, ja držim slovo počivšem; ako je slava, ja veselim goste. Ali mi je sve to malo pomoglo. Ko se oženio, taj me posle psuje i proklinje; gde sam bio na daći, tu me popreko glede, jer se boje, da i njima ne lomim pogaču: te od svega ništa. Najviše je bilo, ako sam po koji batak ili po koji kolač u džep spustio.
ALEKSA: Pa i to je dobro.
MITA: Dobro, kao naopako, kad moram drugda po tri dana da gladujem. No u tebe vidim lepe haljine: ti si morao bolje sreće biti.
ALEKSA: O, ja sam ti sila premetnuo preko glave.
MITA: Da čujem.
ALEKSA: Prvo sam ti bio advokat.
MITA: Kad si ti učio prava?
ALEKSA: Vidim da si prost. Treba znati šta je krivo, pa se za pravdu ne brini. Onaj je bio kod sudije i tuži se kako ga je predusreo:

ja mu kažem da mu je *krivo* učinio; drugi pokazuje presudu: ja kažem da je stvar *krivo* presuđena; onaj pripoveda kako mu nisu dozvolili pismeno braniti se: ja primećavam da mu je *krivo* učinjeno. Ljudi, kad čuju moje toliko „krivo", pomisle naravno: „ovaj zna i šta je pravo", pa navale, da im pišem prošenija.

MITA: Šta si tu mogao znati?

ALEKSA: Alat čini zanat! Ja sam poprimao reči „nadležno", „podobatelno", „kasatelno", „u sljedstvu toga", „povodom tim" i mnoge ovakve, koje strašno zvuče a ništa ne znače, reči: te sam njima punio hartiju, kao i mnogi drugi. Ali kad od jednoga izvaram sto forinti, vidim šta mi se piše, pa — ispod žita! Zatim se dam na doktoriju.

MITA: No, tu znam da si sve pokojne izlečio.

ALEKSA: Ništa zato! Ja sam ih kurtalisao bolesti, a to su oni želeli. Najpre postanem homeopat. To je lako: u jednoj oki vode razmuti pô drama nišadora. „Na, sad pij! Pritom čuvaj se svakog jela, posti, posti!" — dokle bolesnik od gladi ne otegne papke. Zatim udarim u vodolečilište: uvijem ga u ćebe dokle znoj skroz ne proteče, pa onda puf s njim u vodu! Pritom mora bolesnik najmanje pedeset čaša vode na dan da spusti.

MITA: Ao kuku! Toliko čaša vina moglo bi i podneti, ali vode...

ALEKSA: Kad me i odatle proteraju, postanem učitelj slavenske gramatike.

MITA: Eto ti ga sad opet! Ta ti iz nje ne znaš nigde ništa!

ALEKSA: Alat čini zanat! Slušaj samo: *Niščeten vrazumljaj tisjaščeguboju horugvonosjaščeju veščestvenostiju*. Razumeš li me?

MITA: More, more, ti ćeš još i spisatelj postati.

ALEKSA: Kad knjige pišu đaci, koji u školu idu, zašto ne bih i ja, koji sam davno školu ostavio?

MITA: Ali slavenski treba i mene da naučiš.

ALEKSA: To je lako: samo upotrebljavaj često „poneže", „dondeže", i po nekoliko bataliona „ahova" i „ihova" paradirati pusti, pa te neće ni najbolji Slavjanin razumeti.

MITA: Da se mahnemo toga razgovora. Ja mislim, Aleksa, da si ti još moj prijatelj.

ALEKSA: Zar bi ti sumnjati mogao?

MITA: Prijateljstvo se u nuždi pokazuje. Čuj, Aleksa, moju nevolju: od jutros kako mi je trbuh počeo muziku praviti, pa jednako traje; a ti znaš da ja na muziku gore mrzim nego na čumu. Ne bi l' mi mogao koji grošić dati, da kupim potajno hleba i da ga malo umirim?

ALEKSA: Bogami, ne mogu, Mito.

MITA: Eto ti mi prijatelja! A zašto?

ALEKSA: Iz najprostijeg uzroka: nemam.

MITA: Šta? I ti si mi doktor, advokat i učitelj bio! Zbogom! Takav prijatelj meni ne treba.

ALEKSA: O, o, o! Nemoj tako žustro.

MITA: Muziku neću da trpim, znaš li!

ALEKSA: Pa čekaj: valjda se može pomoći. Evo ti koji tantuz.

MITA: Prokleti tvoji tantuzi, i tu si mi izvarao forintu!

ALEKSA: Al' su nam dosta i pomogli.

MITA: Vidim, da moram skapati od gladi.

ALEKSA: Znaš šta je, Mito? Nisam ni ja baš tako sit, a novaca nemam: hajde u onu kuću, što je malo uglednija od drugih; ta šat se nahranimo našim laganjem!

MITA: A kako ćemo ući, kad smo nepoznati?

ALEKSA: Opet si zaboravio: alat čini zanat! Ja ću biti baron Golić, ti si moj bedinter: kakav je gazda, onako ćemo se i vladati. Ako bude devojka u kući, znaš kako treba! Hajde stavi se u pozituru, pa da im javiš vizitu od barona Golića.

MITA: Ali zašto baš *Golić*?

ALEKSA: Ime ne čini ništa, nego titula. Odlazi!
MITA: Bre, ja idem u kujnu najpre: ako mogu što od sluškinjâ izvarati. *(Pođe.)*
ALEKSA: Samo pazi na „abije"!
MITA: Gde su?
ALEKSA: Šta „gde su"?
MITA: Te gurabije.
ALEKSA: Hej, prostače! Ti ćeš meni sav posao pokvariti. „Abije" kažem, „poneže" i druge slavenske reči, kojima ćemo osvedočiti moj karakter.
MITA: Ah, ja bih voleo sad gurabije nego sve karaktere na svetu. *(Odlazi.)*

II

(Soba kod Marka.)

MARKO sedi na stolici, a JELICA blizu prozora plete i knjigu čita

JELICA: Göttlich, ah, sehr göttlich!
MARKO: Hm, što su ti sadanje devojke: dva posla rade!
JELICA: Ah, tatice, škoda, škoda, što ne znate nemecki.
MARKO: Moja ćerko, zato sam te i poslao u Beč, da ti naučiš, kad ja nisam mogao.
JELICA: Ah, kako je lepo! Ja vam ne mogu dosta iskazati, verujte, ne mogu. Kako je bila jedna princesa — ah sirota! — kako je za svojim ljubeznim švermovala.
MARKO: A šta je to „švermovala"?
JELICA: Ah, „švermovati" je to što u Beču kažu „švermeraj". Koliko sam puta ja švermovala, ne mogu vam iskazati, ljubezni tatice.
MARKO: Ali šta je to „švermovati"?

JELICA: Ta kažem vam: to je „švermeraj". Tako je Amalija švermovala za Morom, kad sam Šilera čitala. O, taj vam piše! Kad bi samo njega čitali, slatki tatice, kosa bi vam rasla. Kako je Karl Mor Amaliju ubio — to je bilo srce! — pa je baš svojim degnom ubio! Tako i ova princesa: stradala je i švermovala, a nije ni znala da je princesa.

MARKO: Kaži ti meni: zašto čitaš te knjige?

JELICA: O, tatice, kako ne bih, kad po Beču prve frajle i najveće dame čitaju? Samo uzmite na um, kad se koja razgovara, odmah ćete primetiti čita li, ili ne; jer ona koja čita, govori hohtajč.

MARKO: Zato ti tako srpski govoriš!

JELICA: O, molim vas, tatice, u Beču se retko čuje srpski; sve nemecki i francuski. To su vam jezici! Kad govore, mislite: med im teče iz usta. Još jednako žalim, što me niste dali da i francuski učim.

MARKO: A s kim bi ti ovde govorila?

JELICA: O, molim vas, tatice: imala bih ja dosta hasne od toga. Kakvih romana oni imaju! Evo i ovaj je s francuskog iberzecovan, pa da se sakriju svi nemački romani pred njim. Pa kakve bih još nesrećne princese i heldove našla: kako se zaljubili, kako su stradali, kako su se ubijali — ah, i šta ne bih čitala, kad bih znala francuski!

MARKO: Pa šta bi se pomogla time?

JELICA: O, tatice, mnogo; jer govoriti po modi, unterhaltovati se, štelovati se i znati šta je bonton, to se sve iz romana uči.

MARKO: Tako? A ima li u tim tvojim rumanma: kako se gotovi ručak, kako treba biti dobra gazdarica i red u kući držati?

JELICA: A, to je sasvim gemajn, to samo proste žene rade.

MARKO: Hm, a gospođe?

JELICA: U Beču prve dame i otmene frajle ne znaju šta je posao, nego spavaju do devet; u polak deset donese im štumadla fruštuk; zatim ustanu i dadu se obući u negliže — o, tatice, taj negliže da vidite! Tek u polak dvanaest obuku se paradno, pa ili s knjigom sede kod pendžera, gledajući kako prolaze mladi oficiri na konjma i pešice, ili prave do dva sata vizite.

MARKO: Zar ne ručaju?

JELICA: Ručaju, ali nobl: u tri sata pa do pet. Potom ustanu s ručka, ausfaruju, u polak osam idu u teater, posle toga večeraju, ili, ako je bal, idu na bal.

MARKO: Ako to nije ludo, onda ne znam šta je!

JELICA: Ju, tatice, nemojte tako govoriti, jer će vam se u Beču smejati svi kao najvećem prostaku. Kako bi to moglo biti ludo, što prve dame u Beču rade? Kamo sreće da se i mi tako uredimo!

MARKO: A zar bi ti htela tako živeti?

JELICA: Ja ne znam koja ne bi htela. Ah, tatice, po modi živeti, nobl živeti: to vam je Genuss.

MARKO: Moja ćerko, ja vidim da je tebi Beč sasvim obrnuo mozak. Drugo su prve gospođe u Beču, a drugo si ti. Zato baci te besposlice, pa gledaj te budi dobra gazdarica, i onoga, što te je isprosio, ljubi kao verna supruga.

JELICA: Ah, tatice, vi još ne znate šta je ljubov? Drugo je prosto i paorski ljubiti, a drugo je ljubiti bečki i po knjiški. Ono je ljubov, ljubezni tatice, kad se koji kralj u kakvu princesu zaljubi!

MARKO: Jes' čula, ti gizdušo: nemoj ti meni mozak zavrtati. Nisam ni ja nikakav princ ni kralj, pa sam — hvala Bogu! — lepo s tvojom pokojnom materom živeo. Zato baci te ludorije, pa gledaj preslicu, ako misliš da budeš čestita i srećna.

## III

## BATIĆ, PREĐAŠNJI

MARKO: Baš kako valja! Jes' čuo, Batiću: ja sam tebi Jelicu obećao i ona je tvoja. Ali ako želiš da dobro živite, ne daj joj nipošto da ove vraške knjige čita.

BATIĆ: Ja ću gledati da se slažem s njom.

MARKO: Svuda, svuda, samo ne ovde! Slušaj moju reč; jer da su mi kakve knjige, nego: kako treba ljubiti! Gledajder im posla! I zato da moramo oči kvariti!

JELICA: Ah, tatice, vi ne razumete...

MARKO: Dosta! Gledaj ti nje! Još bi izrekla da ja, star, ništa ne znam, nego ona, jučerašnje dete! — Sinko, ja sam ti dao soveta: ako se po njemu ne uzvladaš, sam ćeš biti kriv. A ti, gizdušo, čuvaj tvoga muža i baci te vraške rumane, zašto od njih ne možeš se najesti; a to je najnužnije — znaš li? — jer trbuh ne zna za šalu, makar da si u Beču i prva pomodarka: on hoće svoje, te hoće. Je l' tako Batiću?

BATIĆ: Vi istinu govorite.

MARKO: Jest, al' pitaj nju: da vidiš kako ona mudruje! Nego ništa, neće se ni ona dugo ovuda kostrešiti! Znaš li zašto sam te zvao?

BATIĆ: Ja ne znam.

MARKO: Da bude veselje sad u nedelju. Zašto bi toliko protezali?

BATIĆ: Vi ste vrlo dobri.

MARKO: Šta? Ja tebe znam za poštena i vredna momka: to mi je dosta. U nedelju dakle!

BATIĆ: Kako je god vaša volja.

MARKO: Tako: što pre, to bolje! Treba ovu pomodarku zabavljati poslom, dok joj nisu ti rumani sasvim mozak obrnuli. Batiću, sad sve znaš. Ako ti je hitno, možeš ići.

BATIĆ *(poljubi ga u ruku)*: Ja ću se truditi, da ljubov tako dobrog oca zadržim. *(Jelici):* Sluga ponizan!

JELICA: Zbogom!
BATIĆ *(odlazi).*
MARKO: Vi'š, Jelice: ovaj nije iz rumana, al' je zato opet krasan dečko.
JELICA: Ah, tatice, kad bih se udala u Beču!
MARKO: Opet ona! A ne misliš li ti koliko treba imati novaca za Beč?
JELICA: Ah, tamo živeti tri dana više vredi nego ovde tri godine!
MARKO: Znam, samo da ima ko da šalje za trošak.
JELICA: Ja ću Batiću doveče kazati, pa makar mi šta radili.
MARKO: I ja tebi kažem: gledaj tvoju kuću, pa kad stečeš, i tvoj muž bude iste pameti kao što si ti, onda možete ići kuda vam je drago.

## IV

## MITA, PREĐAŠNJI

MITA: Baron Golić svoju preporuku šalje i želi gospodinu Marku Vujiću, kao najotmenijem u ovom mestu licu, svoju vizitu učiniti.
JELICA: Nama će osobito drago biti.
MARKO: Baron Golić! Otkuda je on?
MITA: On je iz Volhinije, i sad pravi lustraze.
MARKO: Pa šta će on kod nas?
MITA: On želi svoj aufvartung vami učiniti.
JELICA: Našu preporuku na gospodina barona! Mi ćemo to za čest primiti.
MITA *(pokloni se i otide).*
MARKO: Boga ti, Jelice, šta je to?
JELICA: Vizita, tatice.
MARKO: Pa kako čovek može nepoznatom doći u vizitu?

JELICA: Tako je običaj.
MARKO: On baron, a ja prost trgovac! To mi se ne svidi.
JELICA: Da ima ovde grofova ili barona, on bi išao k njima. A ovako traži opet koji je najotmeniji. Jeste li čuli kako je bedinter kazao?
MARKO: Hm, hm! Ja se rado ne mešam s onim pred kim stojim gologlav.
JELICA: Zato se i prave vizite: da se ljudi upoznadu, i da ne stoje gologlavi. Vi ne znate kako je to u Beču strašno u modi.
MARKO: Devojko, ti ćeš meni s tom modom doneti kakvu bedu u kuću. Ja se s baronima nisam ni dosad mešao, pa ne želim ni odsad.
JELICA: Kad smo primili vizitu, sad ne bi bilo galant da mu absagujemo. *(Kucanje na vrata)*: Herajn!

## V

### ALEKSA, PREĐAŠNJI

ALEKSA *(pokloni se)*: Ja molim za izvinenije, što sam se tako nepoznat usudio mojim prisustvijem dosađivati vam.
JELICA: Čest od naše strane, gospodin baron! Mi za čest primamo vizite i drugih, a takovog gospodina za osobitu sreću.
MARKO: Dobri ljudi meni su u svako doba dobrodošli.
ALEKSA: Sluga nižajši!
JELICA *(pokazuje na stolicu)*: Ako smem moliti.
ALEKSA: Ljubim desnicu! *(Sedne)*: Ja uvek želim na ovom mom putešestviju sa Serbima najpače blagorodnima upoznati se, i danas se zjelo radujem, da sam to sčastije polučio.

MARKO: Bogme, gospodine, da vam pravo kažem: ja nisam ni od kakve blagorodne familije, i moj je sav nemešag što sam pošten čovek.

ALEKSA: Ta to i jest, gospodine, što nas počitanija dostojnim tvori, najpàče...

MARKO: Jest da su moju babu zvali Pàče, no zato se ja nimalo ne stidim, nit su joj zbog kakvog rđavog dela tako izdeli ime, nego je to dobila u detinjstvu.

ALEKSA: Vi se varate, gospodine. Ja sam kazao „najpače", koje toliko znači kao nemecki zumahl ili besonders.

JELICA: Jest: besonders, besonders. O, ljubezni tatice, to vam je auzdruk!

ALEKSA: „Najpače" ubo znači besonders, sljedovatelno ja o vami i vašoj dražajšoj materi nikakovoga hudago mnenija imati nisam mogao.

MARKO: Boga vam, jeste li vi Srbin?

ALEKSA: Pravi, i prozviščem i plemenem.

MARKO: Hm, a ja bih rekao da niste baš pravi Srbin.

ALEKSA: I zaključavate?...

MARKO: Ja vas ne zaključavam, nego samo tako mislim da niste pravi Srbin.

ALEKSA: Al' otkud vi to mislite?

MARKO: Zašto vas ne razumem, a ja sam jamačno Srbin, jer je moja rodbina iz Požarevca na ovu stranu prešla.

ALEKSA: Da vi pravi Serbin jeste, o tom neće niko sumnjati; no iz toga ne sljeduje da ja Serbin nisam, poneže sam ja vježestva priobreo, vkus izobrazio, čuvstva otončao.

MARKO: Bogme, gospodine, ja vas baš ništa ne razumem.

Aleksa: Negli zato, zane...

MARKO: Zane i šunegli! O njima nije bila reč.

Aleksa: Vi šalu provodite.

MARKO: Bože sačuvaj! Nego bih rad znati kakvim to jezikom govorite.

Aleksa: Ovo je jezik slavenoserbski, to jest serbski, no po pravilama uglađen, kojim su se najveći duhovi, kao Stojković, Vidaković, Vujić i proči u knjigama služili.

MARKO: A, i vi ste od knjiga! To ste se rđavo na mene namerili, nego evo moje Jelice: od nje nećete moći uteći. Zbogom! Razgovarajte se, dok ja neki posao svršim. *(Polazi.)*

ALEKSA: Sluga nižajši!

## VI

## ALEKSA, JELICA

ALEKSA: Vaš su gospodin otac vesele naravi.

JELICA: Kao star, molim! Ne mari vam on ni za kakve krasote, koje se u Beču mogu videti.

ALEKSA: Vi ste bili u Beču?

JELICA: Pet godina.

ALEKSA: Prekrasno!

JELICA: Tako mi se, znate, Beč dopao, da sam se jedva privoleti mogla kući doći. Jedva sam se dodala srpskom jeziku, tako sam se na nemecki bila angevenovala.

ALEKSA: To često biva.

JELICA: Sad sam se još dobro serbizirala, jer ovde kod nas slabo ima prilike da čovek govori nemecki. No zato opet najmiliji mi je unterhaltung u knjigama.

ALEKSA: To se abije daje videti, poneže knjiga pred vami stoji.

JELICA: O, molim vas, tô vam je knjiga! Ja sam ih stotinama čitala, ali ovaj libšaft, ovaj švermeraj nisam nigde videla. Škoda, što se ne zna koji je ferfaser; ja bih ga u mom tagbuhu prenotirala.

ALEKSA: Dakle vi i spisatelja sporazumjenije imate! To je zaista mnogo od jedne gospodične, to pokazuje razum i divnoje vospitanije!

JELICA: Meni je virklih najmilija zabava, kad mogu mojim drugaricama pripovedati šta sam kojegde čitala. Tako sam kod Getea — o, taj vam piše! — kod njega sam jedan prekrasan fers našla:

*Geh den Weibern zart entgegen:*
*Du gewinnst sie auf mein Wort;*
*Doch wer rasch ist und verwegen,*
*Kommt vieleicht noch besser fort.*

ALEKSA: Zaista, Gete izrjadno piše.
JELICA: Svi ga pohvaljuju da je modešrajber.
ALEKSA *(smeši se)*: Taj me je učio igrati.
JELICA: Šta? Gete vas učio igrati? Ovaj Gete?
ALEKSA: To je davno bilo, godine 1835.
JELICA: O, molim vas, on je '32. umro.
ALEKSA: Starac, ali njegov sin...
JELICA: On nije spisatelj.
ALEKSA: Još kakvi! Znam dobro. Ove iste stihove on mi je u rukopisu čitao.
JELICA *(prevrće jednu knjigu)*: Ova je knjiga trukovana 1810.
ALEKSA *(gleda)*: Može biti. No kad je svoja dela vtori put izdavao, on je sigurno i to uzeo. O, to je visprena glava!
JELICA: Čitate l' i vi rado knjige?
ALEKSA: Sad se samo sa slavenskim zabavljam. Nemecki i francuski sam u mom detinjstvu čitao.
JELICA: Dakle vi i francuski znate? O, taj sam vam jezik ja želela učiti. Mora da je vrlo lep?
ALEKSA: To samo onaj može čuvstvovati koji ga razume.

JELICA: Vi dakle morate biti osobiti genij.

ALEKSA *(pokloni se)*: Ovo je za mene kompliment, gospodična. No ja iskreno ispovedam da je najviše moje vospitanije k tomu sodjejstvovalo. Gde se na trošak ne gledi, tu se lako može što i naučiti.

JELICA: Apropo, kad sam se setila! Imam nekoliko reči, koje nisam mogla razumeti i koje sam u mom tagbuhu zabeležila. Vi ćete mi, znam, najbolje protolkovati moći; ako nisam zudringlich?

ALEKSA: O, iz drage volje.

JELICA *(otide u drugu sobu)*.

ALEKSA: Ne da mi vrag mira, nego hoću i francuski da znam! Sad ne bi ništa drugo trebalo nego da me uhvati, pa da mi dâ put. Ali kuraž, Aleksa! Alat čini zanat.

JELICA *(donese jednu lepo vezanu knjižicu)*: Evo ovde, molim. Jedva sam naučila čitati.

ALEKSA: Šta, vi znate i čitati?

JELICA: Samo ne znam je l' dobro izgovaram, zato želim od vas čuti.

ALEKSA: Izvol'te vi samo, ja ću vam potom izgovor utončati.

JELICA: Stidim se, kad me ko koregira.

ALEKSA: A, zašto to? Da sam se ja stideo, ne bih ništa ni naučio. Vidite ovde *beau*.

JELICA: To je *bo*.

ALEKSA: Izrjadno, samo malo protegnite glasom. *Tableauks*...

JELICA: *Tablo*.

ALEKSA: Tako, tako, samo malo oštrije! Inače vi vrlo dobro izgovarate.

JELICA: No molim ponizno: šta je to *tablo*?

ALEKSA: Tablo — tablo dolazi od španskago narječija *tables*.

JELICA: Dakle vi i španski znate?

ALEKSA: Ja sam bio šest meseci u Madridu. To vam je varoš! Šta je Beč, Pariz i London? Ima šeset hiljada samo crkvi; sto trideset i pet pijaca velikih, osim malih, koje se ne mogu ni izbrojati. Na Pijaci svetog Spiridona stoji u vazduhu od samog dijamanta načinjeni horizont, tj. sunce, mesec i zvezde. Tamo se nikada ne pale uveče fenjeri kao po drugim varošima, nego ovo sunce od dijamanta osvetljava celu varoš.

JELICA: Ne može niko da ukrade?

ALEKSA: A, to se ne krade! Ja sam hteo kupiti jedan kamen za spomen; al' mi rekoše da se skidati ne može, niti je ko u stanju tamo popeti se.

JELICA: To je virklih mnogo!

ALEKSA: Ja kažem, gospodična: nema zemlje preko Španije! Kako mi otac umre, odmah ću se preseliti u Madrid. Tu su vam mode, tu je manir, tu je vospitanije!

JELICA: Ja sam slušala da su ti ljudi glupi i neradni.

ALEKSA: Svašta se sad piše, svašta se može i govoriti; ali treba otići tamo, pa se uveriti. Neradeni mogu biti lasno kod tolikog bogatstva i tolikih mašina. Šta ćete više: u gostionici, zovomoj Kod hineskog cara, sami se pilići zakolju, sami očupaju, očiste, nataknu se na ražanj, ispeku se i donesu gostima, pa i tu još sami se istranžiraju, da se gosti ne trude.

JELICA: Um Gottes willen! Gospodin baron, kako to može biti?

ALEKSA: Kažem vam: mašinom. Takovih mašina ima nebrojeno čislo. I ja sam na jednoj radio, s kojom smo putovali na Mesec.

JELICA: U Mesec, gospodin baron?

ALEKSA: U Mesec. I kako smo se vratili, taki smo tu istu mašinu pokvarili.

JELICA: Pa što ste u Mesecu videli?

ALEKSA: A šta se tu ne može videti! Kad mi knjiga bude gotova, imaćete dosta čitati.

JELICA: Dakle vi nameravate izdati vaš rajzebešrajbung?

ALEKSA: Zasad u šest jezika, a po vremenu videću.

JELICA: To je vrlo lepo. Kako ste se unterhaltovali u Mesecu?

ALEKSA: Ne može bolje biti. Baš se onda dogodio hofbal. Nas, kao strane, puste unutra, i budući da sam ja izmeđ' moga društva nešto otmeniji bio, dobio sam čest otvoriti s tamošnjom caricom bal.

JELICA: Kako igra?

ALEKSA: Kao pero! No opet Mesečnjacima se dopao moj štelung, premda moram i to ispovediti, da sam sva moguća upotrebio, kako bih carici zadovoljstvo pričinio; i, kao što je javno priznavala, bila je puno zadovoljna.

JELICA: Je li mlada?

ALEKSA: Ona je žena od svojih dvadeset i pet godina, no inače vrlo lepa i dobre naravi. Ta, mislila je nešto, ali nije moglo biti!

JELICA: U čemu?

ALEKSA: Pitala me najpre ko sam, i otkuda sam i kakve sam familije, pa kad se izvestila, upita me drhćućim glasom: da li bih hoteo njenu ruku primiti; a ja odgovorim nakratko da moja volja nije ženiti se.

JELICA: Um Gottes willen, gospodin baron, carica!

ALEKSA: Morate još znati da je njena zemlja vrlo mala, da joj prihodi nisu ni kao moji. Und kurz und gut: ja sam preduzeo sebi samo devojku uzeti, a ona je udovica.

JELICA: To je lepo, no ja opet ne bih propustila takvu partiju.

ALEKSA: Ona je morala to soopštiti i svojim velikašima, jer, kad sam pošao, te počesti što su mi činili! Divilo se malo i veliko i svi su javno govorili da, otkad im je car umro, takve parade nije bilo. Bilo je i poklona i mnogo koješta, ali, kao što kažem, moja volja nije bila, premda je inače žena u svakom smotreniju izrjadna.

JELICA: Gospodin baron, ja ovu vizitu neću skoro zaboraviti.

ALEKSA: Čini vam se črezvičajno? O, kad bih hoteo pripovedati šta mi se koješta na mom putešestviju dogodilo, morala bi vizita tri dana trajati.

JELICA: Ah, da mi je mogućno, ne bih vas pet dana otpustila.
ALEKSA: Verujem. To mi se često na putu događalo; al' tako mi i treba, kad mnogo znam!
JELICA: Dakle, molim za *tablo*.
ALEKSA: O, molim, to je malenkost. *Tablo* dolazi od španskog narječija *tables*, koje toliko znači koliko *tableauks*: *tables* dakle ništa drugo nije nego *tableauks*, sljedovatelno koje smisl tako izražava kao *tablo*.
JELICA: Prächtig!
ALEKSA: Malo ja visoko, znate; ali drugojačije ne može se s ovakvim rečma.
JELICA: A kako bih to srpski kazala? Ja dobra Srpkinja nisam.
ALEKSA: A, to se srpski i ne može izraziti, nego slavenski, i to ovako otprilike: mzdopreimčivost.
JELICA: To je teško.
ALEKSA: Zato se francuski jezik i zove izobražen dijalekt.
JELICA: Rihtig: eine gebildete Sprache. O, kako bih ja rado taj jezik učila.
ALEKSA: To je lako: jednog iskusnog šprahmajstera!
JELICA: Ovde nema takovih.
ALEKSA: Ili dobru gramatiku.
JELICA: Ja sam slušala da je neki Majdinger o tom pisao.
ALEKSA: Da: Majdinger, Lafaet, Mirabo, Don Kišot i mnogi drugi.
JELICA: Ja sam čitala Don Kišota; no to je bio roman.
ALEKSA: To je Don Kišot mlađi. Stariji je pisao gramatiku francusku vrlo dobro. Ako želite, ja vam mogu poslati iz Beča.
JELICA: Dakle, vi u Beč odlazite?
ALEKSA: Zasad upravo u Beč.
JELICA: Ah, kako vas benajdigujem.

ALEKSA: Zašto? Izvol'te i vi zamoliti gospodina oca da vas vodi gore, pa možemo zajedno putovati.

JELICA: Ah, das würde mich überraschen! Ali jedno mi stoji na putu: navalio otac da me udaje preko volje.

ALEKSA: Preko volje?

JELICA: Stellen Sie sich vor: trgovac!

ALEKSA: Ako je inače prilika dobra...

JELICA: Znate, moj otac ne bi toliko ni tribulirao, nego tu je svašta. Moju su babu njegovi održali, udali i potpomogli, pa hoće otac da im vrati.

ALEKSA: To je blagorodno, premda takva žertva...

JELICA: Ah, pomislite samo da sam osuđena u ovom gnezdu živeti, koja sam na Beč naučena! Nije li to traurig?

ALEKSA: Vsjačeski, obače...

JELICA: Idete l' vi poslom u Beč?

ALEKSA: Čujem da je jedan pronašao neki osobiti način praviti hintove; rad sam da ih vidim, ako mi se dopadne. Inače je moje pretprijatije posetiti starog jednog prijatelja, kod koga sam se više meseci zadržavao.

JELICA: Kako se zvao taj gospodin?

ALEKSA: Šlegl.

JELICA: Šlegl! Dakle vi ste kod njega bili?

ALEKSA: Bez prekoslovija.

JELICA: O, molim vas: i ja sam bila kod njega na kostu.

ALEKSA: To je jedan izrjadni gospodin!

JELICA: O, fini gospodin!

ALEKSA: Najpače njegova supruga.

JELICA: O, molim, on je udovac od od osam godina.

ALEKSA: To je dakle drugi Šlegl. Ovaj je riter.

JELICA: Jest, jest. No to mu je kći, što mu ekonomiju vodi, takođe udovica.

ALEKSA: Dakle kći! Ja sam vsjačeski držao da mu je supruga.
JELICA: To je vrlo dobra gospoja.
ALEKSA: Divne lepote.
JELICA: A, lepa baš tako nije, jer su je boginje pokvarile.
ALEKSA: Da, to je jedna škoda; inače se u svemu može nareći jedna izrjadna gospoja.
JELICA: Ja bih se usudila s jednim pismom vas bešverovati za moj gujtar.
ALEKSA *(pokloni se)*: To ja za veliko sčastije primam. Ona će se obradovati, kad pismo od svoje vospitanice primi, najpače iz moje ruke, koji sam u njihovoj kući kao u svojoj.
JELICA: To mi je virklih vesma milo da sam se s vami upoznala. Verujte mi, gospodin baron, vrlo mi se retko ovakove vizite prigađaju.
ALEKSA: Verujem. Za vas je jedna škoda, što ste iz Beča izišli: vaš zaista nežni sostav mora veliki ušterb terpiti! Šta je strana, šta je dalja zemlja? Učilište mudrosti i iskustva! U tuđoj zemlji može čovek videti što nije nikada video.
JELICA: Vi imate pravo. Šta sam ja u Beču videla!
ALEKSA: A da odete još u Madrid; da vidite galije, da vidite more: šta bi onda rekli?
JELICA: Mora sila vode biti?
ALEKSA: Vsjačeski. Baš kad sam ja tamo bio, zapali se slučajno: te vatre i tog požara! To je za udivljenije!
JELICA: Um Gottes willen, gospodin baron, je l' moguće da voda gori?
ALEKSA: Zar vi o tome niste čuli? Tri meseca dana novine nisu ništa drugo pisale nego o tome; no, naravno, na španskom i francuskom jeziku.
JELICA: Ah, francuski jezik! Nikad ga neću naučiti!

## VII

## MARKO, PREĐAŠNJI

MARKO: No jeste li pretresli sve vaše rumane?

ALEKSA: Vaša gospodična kći svojim divnim razumom i prostranim vježestvom tako su me obvezali, da se otnjud rastati ne mogu.

MARKO: Dobro, kad me u čemu izmenuti može, da ne žalim što sam na nju trošio.

ALEKSA: O, zaista, ona nije bila u Beču vsuje.

MARKO: Neka psuje. Znam da ga neće više videti.

ALEKSA: Zašto, ljubezni gospodine?

MARKO: Znate, mi smo ljudi prosti, pa nam nije do špacira.

ALEKSA: Ali kad se frajlica uda?

MARKO: I zet mi nije baš od mode.

ALEKSA *(gledajući na Jelicu)*: Sožaljujem.

MARKO: Prsten je prošao. Ako se budete do nedelje zadržavali, možete mojoj Jelici u svatovi biti.

ALEKSA: Radujem se. *(Jelici):* Gospodična, ja i paki čestitam!

JELICA: O, ich bitte Sie, 's is' ja gemein!

ALEKSA: Ništa, ako je samo dobar.

MARKO: O, gospodine, dobar i pošten mladić. Svi su Batići valjani ljudi.

ALEKSA: Batić! Za Batića gospodična polazi? Ne znate li vi da ste rod?

MARKO: To mnogi misle, ali nismo.

ALEKSA: A jeste li vi iz Požarevca?

MARKO: Jesam. Otkud vi to znate?

ALEKSA: Molim, vaš se ded zvao, ako se ne varam, Milutin.

MARKO: Mitar.

ALEKSA: Po običaju! Tako obično tepamo deci, i ako je Joan, zovemo ga Jocom, Jockom, Jocikom, i tako dalje. Tako i Milutin, poneže ga nema u kalendaru, prozvan bude Mitrom.

MARKO: Tu imate pravo. No kako dođosmo do roda?

ALEKSA: Vašu blaženopočivšu mater držao je stari Batić kao sopstvenu kćer, vospitao je, i udao.

MARKO: Ali otkud vi to znate?

ALEKSA: Molim, molim! Mìla radi zvali su istu vašu dražajšu mater „Pače"; a sve ovo znate li zašto? Jerbo je Batićeva sestra od tetke udata bila za brata vašega deda. To je ono što sam hoteo dokazati: da ste, sirječ, rod.

MARKO: Pa kako da ja o tom ništa ne znam?

ALEKSA. Što ne znate, možete se izvestiti. Požarevac nije preko sveta: malo samo truda, pa ćete točno izvestije imati.

MARKO: Hm, hm, ako je to tako?

JELICA: O, tatice, zar ne vidite? Prisni rod!

MARKO: Ali kako da je vami baš to tako poznato?

ALEKSA: To su koristi putešestvija! Nijedno opstojateljstvo prenebregnuto ne ostavljam, koje bi od polze ili pagube bilo. A kako bi na primer vas sovjest grizla, kad bi brak dozvolili između srodstva!

MARKO: Istina, srodstvo nije baš tako blizu; ali ja nemam nužde ni to činiti. Svet je veliki, a Batić će uvek naći priliku sebi, osobito što moja Jelica neće zato skočiti u bunar. A, Jelice?

JELICA: O, zaista ne, ljubezni tatice!

MARKO: Dabogme, tebi da je kakav iz rumana! No ništa. A šta ćemo s prstenom?

JELICA: Ja ne znam, tatice.

MARKO: Moramo ga natrag iskati. Biće Batiću žao, ali šta ću mu? Svet je širok! Gospodin baron, učinite mi ljubav i pozabavite se kod moje Jelice, dok se ne vratim.

ALEKSA: Ja za osobeno sčastije primam.

## VIII

## ALEKSA, JELICA

ALEKSA: Gospodična, ja bih želeo da mi je vaš gospodin otac dozvolio neprestano kod vas prebivati.

JELICA: O, molim, gospodin baron! A da l' bi mogla moja radost veća biti, nego s takvim gospodinom unterhaltovati se, koji je tako učen i belezen? Ja se divim vašem razumu.

ALEKSA: Kako? Što se srodstva tiče? Meni je dovoljno, ako sam vam uslugu u čemu učinio.

JELICA: Pravo da vam kažem: ja se radujem što se tako mimoišlo.

ALEKSA: O, molim, za vas i nije ma gde obitavati. Ja se čudim da ste se mogli rešiti ovde prebivati.

JELICA: Samo mi je žao, što mi je prsten kod toga nesuđenika, koga entberovati ne mogu, jer me je mati na samrti zaklela, da se bez njega ne venčavam. Znam da će moj tatica imati dosta posla, jer su vam ovde ljudi odveć peblhaft.

ALEKSA: O, molim, oni i ne mogu ljubov blagorodno čuvstvovati.

JELICA: Natirlih! Ovde što sam čitala, kako je jedna princesa jednog helda ljubila: to je bila ljubov!

ALEKSA: Vsjačeski! No tu treba izobraženo serdce, koje će tako čuvstvovati, pritom i ženska persona mora biti osobitih kačestva, osobitih svojstva i vrline duha i tela, koja će moći takvu ljubov u serdcu kakvog mladića vozbuditi. Ja s moje strane umstvujem da bi dražest vašega lica sve proče lepote pomračila.

JELICA: Vi me zastiđujete.

ALEKSA: Mislite li vi da je ovo samo praznoslovni kompliment? O, ne tako, angelskaja gospodična: uverite se samim delom! Ja sam od blagorodnog, baronskog pokolenija, ja sam mesečnu kraljicu prezreo i odbacio, za koje se potom i života lišila. I ko će protivu sudbine?

Danas bih srećnim sebe cenio, kad bih iskusio da me iskreno ljubite. Vi ste mene strelom ujazvili, koju nikakovi balsam zalečiti ne može; vi ste mene obajatelnom dražestiju vašom tako opčinili, da ne čuvstvujem ni šta sam ni gde sam. *(Uhvati je za ruku):* Čujte, angelska gospodična, glas vašeg večitog roba: ja vas smertno ljubim!

JELICA: Ah, Gott, welche Entzückung!

ALEKSA *(klekne)*: Ljubim više nego blagorodstvo moje, nego svo blago sokrovišča mojego!

JELICA: Ah, Bože, kako je odgovorila Amalija, kad je Mor pred njom klečao?

ALEKSA: Nije Mor ono osećao, što ja čuvstvujem; nit je mogla Amalija tako ljubov pobuditi, kao što ste vi u meni!

JELICA *(diže ga)*: Molim, gospodine, ustajte.

ALEKSA: Ne! Ovde, dopustite mi, kod nogu vaših, umreti ili rješitelni glas čuti!

JELICA: Ja sam sasvim gerührt. No, molim, ustajte: može mi otkud otac doći, a on je čudan čovek.

ALEKSA: Slatka moja gospodična, ja vas krilom Amora zaklinjem: ljubite li me iskreno?

JELICA: O, molim, Lidija je samo ćutanjem potvrdila da Lauzusa ljubi. Tako isto i ja.

ALEKSA *(đipi gore)*: Vi mene ljubite? O, bozi, pomozite mi, da moja čuvstva izrazim! *(Poljubi je u ruku):* Amorova strela neka me ujazvi, neka mi serdce iščupa i na poruganije vsjeh istinoljubjaščih preda, ako zakletvu porušim!

JELICA: I ja to isto ćuteći beštetigujem.

ALEKSA: O, nebo, o, sudbino, kako su putovi tvoji nedostižni! Odbacio sam više od trista partija, došao sam u ovo mesto, gde nisam mislio što drugo naći kromje odmora od putešestvija. I kakav angel ukaza mi se iznenada! Kako me zanese, kakvu mi sreću donese! Može li biti većega sčastija nego od takovoga angela ljubljen biti?

JELICA: Gospodin baron, ja se ne stidim kazati da sam gotova i pred oltarom moju ljubov potvrditi. Tako je i Coraida kazala svom ljubimcu. No samo to molim: da se u Beč preselimo.

ALEKSA: Šta? U Beč? Celu Evropu morate obići, da se svi dive vašoj lepoti i preizrjadnim darovanijama. Vodiću vas najposle i u Mesec: neka vidi carica da je vredno bilo njenu ruku odbaciti ovakovog angela radi.

JELICA: Zar nije umrla?

ALEKSA: Kad vi dođete, mora proživeti, da nanovo od muke umre.

JELICA: Ja ću moga taticu namoliti, da me za vas dâ, kao što je Culima svog oca namolila. Samo mu nemojte kazivati da ćemo gore polaziti, jer on za te stvari slabo mari, pa nam neće dopustiti.

ALEKSA: O, dokle samo vidi izvor mojih prihoda, mislim, da neće imati šta mnogo primećavati, no još će mu biti milo da njegova kći pri tako velikom bogatstvu svet u udivljenije postavlja. Samo ako inače bude njegova volja.

JELICA: Ja neću poći za drugog, makar šta radili sa mnom, jer je obično u romanima — da ljubovnici najpre stradaju, pa posle da se uzmu; inače gotovi su sebi život okončati.

ALEKSA: Vi vesma blagorodno čuvstvujete. I ja bih voleo deset puta umreti, nego da vas se lišim. No zasada dosta, evo mog bedintera.

## IX

## MITA, PREĐAŠNJI

MITA: Gospodin baron, jedno pismo na vas i veksla.

ALEKSA (*Jelici*): Ja ću morati na jedno magnovenije preporučiti se.

JELICA: O, izvol'te biti komotni kao u svojoj kući. *(Iziđe.)*
MITA: Zaboga, šta radiš? Crkoh od gladi.
ALEKSA: Ćuti, Mito. Nagovori samo tvoj trbuh da još malo pretrpi.
MITA: Da, da pretrpi! Lasno je tebi, kad si se nagruvao upreko i uzduž.
ALEKSA: Nisam ni okusio, veruj mi, pa opet strpim: trpi i ti malo.
MITA: Kako ću, kad sam malaksao, te jedva stojim? Uvukao sam se u kujnu, da što izvaram, al' kad mi počeše creva krčiti, omlađi pomisle da što drugo radim, pa me isteraju napolje.
ALEKSA: Ništa zato; samo ti malo budi gospodar od trbuha, pa ćemo srećni biti.
MITA: A, vrlo srećni! Marija je ovde.
ALEKSA: Šta? Marija? Otkud nju đavo ovamo donese?
MITA: A znam ja.
ALEKSA: Ej, ubio je Bog! Sad će mi sav posao pokvariti. Vidiš li ovu devojku: tako sam je rečima doveo, te se zaljubila u mene kao mače. Nego sad laži, ako misliš štogod.
MITA: A šta ti ja znam, kad nas je već videla.
ALEKSA: Da je vrag nosi i njeno poznanstvo!
MITA: Tako ti treba! Traži čovek ljubov, a ne gleda da smo siti i odeveni.
ALEKSA: Pst! Promeni farbu.

## X

**JELICA nosi na služavniku vina i na tanjiru pite, PREĐAŠNJI**

MITA *(za sebe)*: Ah, kanda te je Bog naučio!

JELICA: Jedna mi je sluškinja u kujni, druga leži, štumadla mi je pobegla, zato moram sama služiti; no ja to virklih rado činim.

ALEKSA: Vaš je trud pun ružična cveća za mene.

JELICA *(natoči vina u čašu)*: Ako smem služiti.

ALEKSA: Ljubim ruku! Vina nikada ne pijem.

JELICA: Ovo je auspruh.

ALEKSA: I za to nisam raspoložen.

MITA *(na strani)*: Verujem kad nam pljušti utroba.

JELICA: A ono venigstens od ovog.

ALEKSA: Za ne dati vam korpu: hoću. *(Uzme parče pite.)*

MITA: Dakle, gospodin baron?...

ALEKSA: Kaži mu da ću abije doći. Na, podaj mu jedan dukat tringelta. *(Izvadi kesu s tantuzima i pruži mu jedan):* Sad idi.

MITA *(u polasku, za sebe)*: Da te đavo nosi!

ALEKSA: Apropo! Jesi li ti, more, što jeo?

MITA: Bogme, vaše sijateljstvo, ja nisam.

ALEKSA: A ono evo i tebi jedan dukat, kad si mi takov glas doneo.

MITA: O, gospodin baron, badava mi dajete: ovde ni vircauza nema, gde bi čovek pošteno ručati mogao.

ALEKSA: Tja, dragi moj, sad nisi u Madridu.

MITA: O, tamo je život! Kad mi vaše sijatelstvo dadu po jedan dukat, ja umem Talijancima pokazati da sam mladog barona Golića služitelj; a ovde?

JELICA: O, molim, neka ide dole kod nas u kujnu: može pošteno ručati.

ALEKSA: A zašto? Nek se malo i napati.

JELICA: Zašto bi se patio, kad može i bez toga biti? Idite vi, moj dragi, u kujnu, pa ćete sve tamo po volji dobiti.

MITA: Ljubim ruku milostivoj gospodični!

ALEKSA: Potom nemoj zaboraviti što sam ti kazao.

MITA: Ja ću sve po zapovesti izvršiti. *(Pokloni se i otide.)*
ALEKSA: Dobar mladić! On je moj bedinter, no ja ga tako rado imam, kao da mi je od familije. S njim sam od veće časti moje putešestvije soveršio.
JELICA: To je virklih najlepše, kad čovek čestitog mlađeg ima. Ja ne mogu nikako da se namerim na dobru sluškinju.
ALEKSA *(uzimajući pite)*: Gospodična, ovo je tako prijatno.
JELICA: Sama sam mesila.
ALEKSA: Zato je tako slatko! Zaista: od prijatnog mora uvek nešto prijatno proizići. Ja, kako sam ljubitelj testa, to ćete mi morati sami, ne smatrajući na dve-tri sluškinje, po jedanput na nedelju mesiti.
JELICA: Ah, kad bi to vreme skorije došlo!
ALEKSA *(poljubi je)*: I doći će ono, angelska gospodična! Ja sam i sa samim izjavlenijem ljubovi vaše pače mjere srećan.
JELICA: Mnogi ljubovnici po romanima nisu toliko za svadbu marili; no ja tu drugojačije osećam.
ALEKSA: Jer blagorodnije čuvstvujete sladost ljubovi. Zaista: vi ćete ukrašavati baštu života moga cvećem beskonečnog blaženstva!
JELICA: Ah, Gott!

XI

MARKO, PREĐAŠNJI

MARKO: Gospodin baron, ja ne mogu dovoljno da vam blagodarim, što ste mi otvorili oči.
ALEKSA: Kako, gospodine?
MARKO: Ništa, ništa, hvala vam! Jedna devojka javila mi se.
ALEKSA: O, molim, nemojte joj verovati.
MARKO: Ona mi se zaklinjala da je prevarena.

ALEKSA: Nemojte joj verovati!
MARKO: Poznajete li vi nju?
ALEKSA: Nešto malo: zato i primećavam da joj ne verujete.
MARKO: Gospodin baron, to je lepo od vas, da vi drugoga perete, ali nije nužno: i tako smo rod.
ALEKSA: (Hej, tužan! Ta ovo se ne tiče mene!) Gospodin Vujić, treba znati da se u stvari tek polak slučava što god se pripoveda.
MARKO: Meni je dosta, samo mi je žao prstena.
JELICA: A što, tatice: zar ne dà?
ALEKSA: Ništa, ništa!
JELICA: Ah, tatice, ja ću plakati.
ALEKSA: Ništa je to. Ne brinite se.
MARKO: Svaki svoje zna.

## XII

### MITA, PREĐAŠNJI

MITA: Gospodin baron, nikako neće da mi vovjeri vekslu.
ALEKSA: Kako to?
MITA: On kaže da je rad s gospodinom baronom govoriti.
ALEKSA: Jesi li mu dao tringelt?
MITA: Jesam onaj dukat.
ALEKSA: Pa šta će više?
MITA: On kaže da mora s vama govoriti.
ALEKSA: Kad je tako, da idem. *(Marku)*: Ako mi dozvolite, ja ću tako slobodan biti vas opet posetiti.
MARKO: O, gospodine, kako posao svršite, zapovedajte mi.
ALEKSA: Ja se zjelo radujem. *(Jelici)*: Gospodična, ja imam čest preporučiti se.
JELICA: Dienerin!

MARKO: Samo nemojte nas zaboraviti.
ALEKSA: Ja sam na službi. *(Jelici, polako):* Moje srce ostaje kod vas u zalogu.
JELICA: Ah, Gott, kako je meni!
ALEKSA: Sluga sam nižajši! *(Odlazi.)*
MARKO I JELICA *(prateći ga, za njim).*

# DEJSTVO DRUGO

## I

(Soba kod Marka.)

MARKO stupi, malo zatim JELICA

MARKO: Hm! To mi je vrlo čudno, da svašta zna, da je tako učtiv, pametan — čudo zaista! *(Jelici, koja dolazi):* Kako ti se dopada taj baron, Jelice?

JELICA: Ah, tatice, kanda ga je neka cauberin rodila! Usred Beča nema njemu ravna!

MARKO: On mi se vidi mudra glava biti.

JELICA: Ah, tatice, taj vam zna kur praviti! Taj zna pripovedati: kako je u Madridu bio, kakvo je tamo sunce, kakvi su u Mesecu balovi; i taj vam zna mnogo romana; a francuski govori, kao da se u Parizu rodio!

MARKO: Bre, ta mahni se Pariza, već kako ti zna ovo mesto, kanda je odrastao kod nas! Pa onda, i onu devojku... hm, hm, meni je začudo.

JELICA: On je bio u Beču osam meseci. Takvi su svi po gornjima mestima, samo što je on njih preteko, jer je bio i u Madridu. Šta mi nije pripovedao! Možete li verovati, ljubezni tatice, da more gori?

MARKO: Kako bi more gorelo, kad je ono voda?

JELICA: A, vidite, u Madridu, kaže baron, da je sopstvenim očima gledao kako je velika vatra bila. O tom su, kaže, sve francuske i španske novine govorile.

MARKO: Čudo veliko! Kad bi hteo kod nas ostati, voleo bih nego bogzna šta.

JELICA: O, tatice, on, ako i ostane, neće iz drugog uzroka, nego zbog mene.

MARKO: Hm, gledaj ti nje! Moja ćerko, on je baron!

JELICA: Znam ja još i kako je Mesečnu kraljicu odbacio; ali zato sam ga ja opčinila kao cauberin u cauberpalastu.

MARKO: Šta ti buncaš o Mesečnoj kraljici? Kakva Mesečna kraljica?

JELICA: Zar vi ne znate da je on u Mesecu bio?

MARKO: E, video ćurku, pa hteo da joj prišije magarca.

JELICA: Zacelo, tatice! Ima jedna mašina na kojoj se ide.

MARKO: No, komedije! I to da čujem!

JELICA: Tu je baron otvorio s caricom bal, koja se posle zaljubila u njega i otrovala se, što nije hteo da je uzme.

MARKO: Pa u Mesecu zar ima ljudi?

JELICA: To sam i ja čitala. Samo nisam znala da imaju kraljice. Baron žali njenu sudbinu, ali opet kaže da bi ovde radije živeo, i to zbog mene.

MARKO: A miluješ ti njega?

JELICA: O, tatice, nije mogla Genoveva većma ljubiti nego ja njega!

MARKO: Eto ti!

JELICA: A kako ne bih, kad je lepši nego Apolo, kao što Kocebu piše; a videla sam sama kesu dukata u njega; pri tom ime „milostiva gospoja baronica"! O, tatice, vi ne možete ovo empfindovati. Da ste samo jedan dan bili u Beču!

MARKO: A miluje li on tebe?

JELICA: Ja sam njega mojom lepotom tako opčinila kao Sikharda Genoveva.

MARKO: Vraška devojko, i s tim tvojim knjigama!

## II

## MITA, PREĐAŠNJI

MITA: Gospodin baron su ovde svoju šnupntiklu zaboravili.

JELICA: Šnupntiklu?

MITA: Što prosti kažu šnuftihla.

JELICA: Čujete l', tatice? Jedan bedinter samo! *(Gledi svuda):* Ovde virklih nije.

MITA: Ja ne znam šta je to. Više puta izgubimo šrabpihl s novcima, pa me ne šilje tražiti; a sad za jednu maramu! Mora da mu je spomen od koga.

MARKO: No, boga vam, ko je taj gospodin?

MITA: A mogu li vam podrobno opisati? Da je od baronske familije, to znate. Familija je vrlo stara i puna zasluga. Još pre hiljadu godina, kad su srpski carevi vladali, bio je jedan siromah vojnik, koga su podsmevatelno Golim Sinom nazivali. Dogodi se jedanput bitka s Turcima: naši izgube i počnu bežati. Svi bi bili pohvatani, ali Goli Sin vrati se natrag, uleti međ' Turke i samog velikog vezira ubije. Na to oni dođu u zamešateljstvo, a naši se ohrabre i sve do jednog potuku. Sad car dozove Golog Sina, poljubi ga pred svom vojskom, dade mu selo i učini ga baronom Golićem.

JELICA: Ah, to je lepo!

MARKO: Ali šta je upravo vaš gospodin?

MITA: On je penzionirati obršter.

JELICA: Obršter? To mi nije kazivao.

MITA: O tom rado ne priča, jer ga uvek jedi. Dogodi se upražnjeno mesto generala, i moj se gospodin nadao da će on postati; ali kad ga drugi preterira, on se rasrdi, sazove toga na duel i ubije ga. Potom kvitira i zaključi privatno živeti.

JELICA: Ah!

MARKO: Ali tako mlad, pa da dođe do obrštera?

MITA: On je bio lajtnant. Jedanput se dogodi bal u carskom dvoru, gde su mnogi pozvati bili, pa i moj gospodin. Carica ga vidi i dopadne joj se. „Lep mladić!" rekne nekima okolo sebe. Jedanput, kad on prođe pokraj nje, rekne mu ona: „No, gospodin obršter, kako vam se dopada bal?" — „Vaše Veličestvo", odgovori moj gospodin, „ja nisam obršter." — „E?" rekne ona, „reč moju ne smem natrag da uzmem." S otim dozove cara. Uh, kako mu je nepravo bilo! Ali nije mogao da odreče carici, i tako najedanput postane gospodin baron obršterom.

MARKO: Pa čim se sad zanima?

MITA: Čita, piše, putuje, razgovara s učenim ljudma, istražuje filozofiju, i šta vam tu ja znam.

MARKO: Na taj način mora da je vrlo bogat.

MITA: Spahiluke ima beščisleno. No sve to ne bi mu toliko donosilo, da nije srodnik sa firštom Demidovom. Vami je poznato da ima u Rusiji foršt Demidov, koji je najbogatiji u celoj Evropi. Ovaj ima rođenu sestru barona Golića za suprugu.

MARKO: E, onda mu je lako trošiti. Ali ja opet mislim da bi lepše bilo, kad bi vaš gospodin kakvu službu primio.

MITA: I sad je ostao u kvartiru odgovoriti ministru finansije, koji je navalio da mu preda upraviteljstvo sviju kasa u monarhiji. I ja sam mu govorio da primi tako važnu službu, ali on nikako neće. Njemu je najmilije kad može ići od varoši do varoši, i kad se ljudi dive njegovim sposobnostima. Madrid ga neće nikad zaboraviti.

JELICA: Jeste li i vi bili s njim u Mesecu?

MITA: Svuda sam ga ja pratiti morao, jer niko ne poznaje njegovu narav tako kao ja.

MARKO: Pa šta ste videli u Mesecu?

MITA: A šta se ne daje tu videti: sokaci od samih kobasica načinjeni, zidovi su od leda, ljudi s jednom nogom, veliki od pedlja i po.

JELICA: Pa kako je gospodin baron bio na balu i igrao s caricom, kad je tako mala?

MITA: E, u carskom dvoru znate da su svi velikaši, pa nije nikakvo čudo što je i carica bila velika, ili, kao što sam čuo, od sviju najveća; jer mi, bedinteri, nismo mnogo pazili šta nam rade gospoda na balu, nego smo se i sami unterhaltovali, i baš dobro. Izgubio sam jedan kamen što sam odonud ukrao: takvog kamena nema ovde na Zemlji. No ja sam se zadržao, a može me gospodin tražiti. Izvinite! *(Pođe.)*

JELICA: I još jedno: jeste li se i vi dogodili u Madridu, kad je gorelo more?

MITA: Nisam, koje mi je vrlo žao. No kad sam posle stigao, video sam na bregu pečene ribe u velikom količestvu, i to me je moglo uveriti da je vatra žestoka bila.

MARKO: A šta je bilo s galijama?

MITA: Propale, naravna stvar! I naša jedna, koju je gospodin kupio da nas doveze i natrag odveze, otišla je u dim. Imao je štete do jedno pô miliona talira.

MARKO: Pô miliona talira!

MITA: Vi znate šta jedna galija koštuje. Pri tom: druge potrebe, baronove stvari, arhiva itd., pa eto ti pô miliona talira, ako nije i više što.

## III

### ALEKSA, PREĐAŠNJI

JELICA: A, gospodin baron, proces na vas!

ALEKSA: Zašto, gospodična?

JELICA: Vi mi niste ni polak pripovedali što se vaše familije tiče, i da nije bilo vašega momka, ne bi ni znali gotovo ništa.

ALEKSA: A u čemu to?

MITA: Oprostite, gospodin baron, ja sam u razgovoru pripovedio i ono, što vi nerado spominjete: na primer kako ste jednog generala u duelu ubili, kako vam je Demidov rod itd.

ALEKSA: Jesam li ti kazao da o takovim stvarima nikada ne pripovedaš!

MITA: Gospodična su bili ljubopitni.

JELICA: Oprostite mu, gospodin baron! Ja sam kriva.

ALEKSA: Vami za ljubov neka mu je oprošteno; ali više da ne bude! Razumeš li?

MITA: Neće, Vaše Sijateljstvo!

ALEKSA: No ja gubim vreme. *(Marku):* Gospodine, vi ste želeli vaš prsten natrag imati: evo vam ga donosim, i želim da tako sčastljiv uspeh prinese, kao što se pomisliti može.

MARKO: Zaboga, gospodine, kako dobiste ovaj prsten?

ALEKSA: Kad čovek ne žali malo troška, može sve postići. Celj je moga putešestvija: po mogućstvu sila mojih dobro činiti; a ja u celom mom životu nisam srećnijega časa imao, nego sada, pričinivši vašoj gospodični maloje zadovoljstvo, koja je vsjačeski dostojna usred Beča živeti.

MARKO: Gospodine, ja ne znam šta ću da mislim. Jelice, hodi malo u drugu sobu.

JELICA: Gospodin baron, entschuldigen Sie auf einen Augenblick!

ALEKSA: O, izvol'te bez ženiranja.
JELICA *(s ocem odlazi).*
MITA: Koga si vraga radio, te nisi zadržao prsten: bar bi pošteno nekoliko dana živeli.
ALEKSA: Ćuti, dedače. Ovako će bolje biti. Ne vidiš li da su ovo máme? Ona se, ćurka, zaljubila u knjige, a otac blene u nju i čudi se šta ga je snašlo.
MITA: A kako si ga dobio?
ALEKSA: Zar ne znaš: alat pravi zanat! Odem njegovoj kući, tu nađem jednu babu i zaištem prsten, da mogu i ja takav načiniti. E, to ona neće. Ali kad joj pružim punu kesu tantuza u zalogu, baba se promeni u licu i odmah mi dâ. Čisto bi volela da ga nikada i ne vratim.
MITA: Pa sad šta misliš?
ALEKSA: Da izvaram prsten od ovih, pa da ga dam Batiću.
MITA: To će reći: „Gde si bio? — nigde; šta si radio? — ništa."
ALEKSA: O, glupoumne! To nije tako. Sad dolazi red da dobijem od ovih novaca, da namirim Mariju, pa onda da prosim ovu ćurku.
MITA: Oho!
ALEKSA: Bogatstva ima dosta. Kad se venčam, onda neka duva u prste za koga je pošla! A zar bi ovo prva svadba bila, gde se nije ili mladoženja ili devojka prevarila? Ja ću starcu toliko lagati, dokle najposle izgubi razum.
MITA: A devojka?
ALEKSA: Ona ga nije ni imala.
MITA: Ja najvolijem kratak račun. Prsten u ruci — sigurna stvar, a ovo ono...
ALEKSA: Tako misle svi bedinteri i služitelji; baroni pak i otmeni ljudi moraju imati i planove otmene. Ali pst!

## IV

## MARKO i JELICA vraćaju se

MARKO: Gospodin baron, ja vam imam jednu veliku tajnu soopštiti; samo ne znam hoće li se primiti.

ALEKSA: Zapovedajte slobodno: što je god u mojoj vlasti, uvereni budite, da vam neću odreći.

MARKO: Ne znam kako vam se dopada moj dom; no ja kažem da vas radije imam, nego da ste mi rođeni sin. I moja se Jelica u tome slaže. Ja bih držao da sam najsrećniji čovek, kad bih takvog zeta dobio; i ako je istina da vam se moja kći dopada, ja vam je dragovoljno dajem za suprugu.

MITA: (Aha!)

ALEKSA: Gospodine, ja vam na vašem userdiju i visprenoj o meni blagonaklonosti tepljejše blagodarim. Ne tajim da vašu dščer ljubim, a i ko ne bi takovago angela ljubio? No najprežde moram mojemu roditelju javiti i ot njega dozvolenije prositi.

MARKO: To je u svom redu.

ALEKSA: I budući da se moj otac sada nahodi u Ameriki, to vam pređe šest meseci ne mogu nikako odgovora dati.

MITA: Ja mislim, gospodin baron...

ALEKSA: Ne, ne! Otac mora da presudi; i ako njegova ne bude volja, sve je vsuje.

JELICA: O, gospodin baron, zar se tako čuva ljubov, koju ste mi otoič erklerovali? Ne znate li vi da je Karl Mor ljubio Amaliju i preko volje očine? Sad vidim da vaša zakletva nije tako tvrda kao drugih heldova.

ALEKSA: Slatka moja gospodična, nemojte vi o meni tako umstvovati. Ja vas ljubim iskrenjejše; ali šta pomaže ljubov, ako mi otac ne bi dozvolio? Onda bih se lišio sviju dobara i imjenija.

JELICA: Čista ljubov može i u pustinji i s kolibom zadovoljna biti.

MARKO: Ti si dete, ne umeš o tom da sudiš. No ja ću vam, gospodin baron, drugo što kazati. Nisam, istina, prebogat, ali toliko — hvala Bogu! — imam, da možete po vašem karakteru lepo živeti. Ja nikoga više nemam osim nje jedne, i zato je sve što vidite božje pa njeno.

MITA: Gospodin baron, ja vam s moje strane čestitam, i molim da s gospodičnom u brak stupite, ne toliko novaca radi koliko najpače gledajući na njenu lepotu, štelung i vospitanije. A vaš gospodin otac vami će dopustiti, jer on zna da vi pogrešiti ne možete.

ALEKSA: O, Dimitrije, ti znaš ko je on!

MITA: Ja znam, oprostite: vami je dosadno što veksla nije stigla. No gospodin će *(na Marka)*: sve učiniti.

MARKO: Sve iz drage volje.

JELICA: I još ste ungerührt? Ah, sâm Sije nije mogao takav biti, kad je pisao Rodina.

ALEKSA: Ne, ne mogu dalje protivostati! Slatka gospodična, vaša nežnost, vaša dražest pobedila je svaku sumnju u meni. *(Marku)*: Gospodine, vi ste moj vtori otac.

MITA: Pravo! No žertva je velika, ali i zaslužuje.

ALEKSA: Je li da je velika žertva? No opet se nadam da ću zadovoljstvo naći.

MARKO *(poljubi ga u čelo)*: Sine moj, gospodine, Bog neka vas blagoslovi, a ja ću vam sve činiti.

MITA: (To je lep roman, samo da ne izađe komedija.) Vaše Sijateljstvo, imate li što zapovedati?

ALEKSA: Da, apropo! *(Nešto mu šapne na uvo)*: Dobro pozorstvuj!

MITA: Nimalo se ne starajte. *(Ode.)*

MARKO: Dakle, Jelice, ne oklevaj; nego gledaj, te spravljaj darove. Prsten mora još doveče biti.

JELICA: Ja se vašoj volji rado pokoravam. Gospodin baron...

ALEKSA: Ne *baron*, sunce moje, nego *ti*! Ja sam tvoj suprug.

JELICA: To je cela istina. No ja sam u Beču slušala, gde mnoge dame zovu svoje muževe *vi*. Nisam raspitala je li to baš u modi.

ALEKSA: To je ljubov licemerna. Nego u Madridu što sam video: da žena svoga muža uvek poljubiti mora, kad sedaju ručati ili večerati, to je lep običaj! Tako ću i ja svobodu uzeti i u prisustviju tatice. *(Poljubi je):* Sad idi i gledaj šta imaš.

JELICA *(odlazi).*

MARKO: Gospodin baron, ja vidim da vi moju kćer rado imate, i to mi je osobito milo.

ALEKSA: Ne mislite, gospodine, da ja nju iz kakovog interesa uzimam — Bože sohrani! — nego iz prave, čiste ljubovi!

MARKO: Pravo imate. Tako i sveto evangelije govori.

ALEKSA: Vsjačeski. Obače ja mislim da bi nužno bilo produžiti svadbu, dokle mi novci ne stignu; ja se bo u ovim haljinama i u ovoj opravi otnjud venčati ne mogu.

MARKO: Ako je to, to mi ne moramo ništa oklevati. Ja ću vam dati novaca, koliko vam god treba, i tako je sve vaše. Pričekajte malo. *(Iziđe.)*

ALEKSA *(sam)*: Pa da nije dobar zanat laganje: došao sam, da zajazim trbuh, pa hoću da se okućim! Na moju dušu, moram iskati dopuštenje, da otvorim školu od laganja. Moj lepi trbuve, nećeš ti meni više muzike praviti!

MARKO *(vrati se)*: Evo ovde imate dve hiljade forinti. Ako vam ustreba jošte, samo mi javite.

ALEKSA: Ja ću imati čest vami vratiti.

MARKO: Našto? Sve je vaše. Evo i Jeličinog prstena: možete ga nositi. Ovo je soba vaša: u njoj budite kao u svojoj.

ALEKSA: *(No sad je vreme!)* Gospodin Vujić, ja vam tepljejše na vašoj ljubovi blagodarim. Sada, prvo i prvo, što mi raditi nadleži, jest čoju po dostojaniju tražiti.

MARKO: Ja ću dati da se donese.

ALEKSA: A zašto? Ja ću sam ići, i tako mi je glava od ove naprasne promene zabunjena.

MARKO: Kako god vi znate.

ALEKSA: Dakle, ja imam čest maj kompliment učiniti. *(Pođe, no udari na Jelicu.)*

V

JELICA, malo zatim MARIJA, PREĐAŠNJI

JELICA: Jedna devojka pita za Aleksu Nikića.

ALEKSA: Pa šta se to mene tiče?

JELICA: Kaže: to ste vi.

ALEKSA: To je lepo. Ako joj je što dužan, dobro se i dosetila!

JELICA *(otvori vrata)*: Ja sam vam kazala da ovo nije taj gospodin. Ovo je baron Golić.

MARIJA *(uđe u sobu)*: Pustite me samo da se s njime razgovorim. Aleksa!

ALEKSA *(tronut, na strani)*: Baš te sad đavo nanese!

MARIJA: Tako treba! To je lepo: izvarati od devojke hiljadu forinti, prstenovati se, pa onda pobeći. Svirepi, na kraj sveta idi, svuda ću ti sledovati!

ALEKSA *(ukrepivši se, Marku)*: Ko je ova persona?

MARIJA: O, sad me ne poznaješ! A dok mi nisi izvarao novce, donde si me dobro poznavao. Obećavao si mi zlatna brda, pa kad si me prstenovao i na glas izneo, sad me ne poznaješ!

ALEKSA: Ili sam ja pijan, ili je ovo neko čarodejstvo? Ja ne znam šta ova devica hoće.

MARIJA: Prenevešćuješ se, varalico svetska!

ALEKSA: Ja nisam ni najmenjše raspoložen ludim personama otvjete davati. *(Marku):* Preporučujem se.

JELICA *(uhvati ga za ruku)*: Um Gottes willen, gospodin baron, nemojte ostaviti da vam se čest gazi!

ALEKSA: Ko će svetu usta zapušiti?

MARKO: Ovo je devojče još jedanput kod mene bilo. Draga moja, ovo nije onaj mladić, koga vi tražite: onaj se zove Batić.

MARIJA: O, gospodaru, dobro ja poznajem njegovo lice.

JELICA: Ovo je baron Golić, moj buduštisuprug.

MARIJA: Baron Golić, vaš suprug! Dakle i vaš suprug? Meni je odneo hiljadu forinti, a šta će vama odneti? Ah, jadne devojke, kako ne znamo kome se u ruke predajemo! Ko bi mogao pomisliti da ovakav čovek laže?

ALEKSA: Jeste li čuli vi: nemojte vi u prisustviju mome tako što govoriti, jer — razumete li? — ja vas taki dam zatvoriti!

MARIJA: Zatvoriti? Još je to ostalo što mi učiniti možeš. Aleksa, Aleksa! Svega si me rastavio, sad me možeš i česti rastaviti.

# VI

## MITA, PREĐAŠNJI

MITA *(za sebe)*: Kog vraga, našla ga je!

MARIJA: Evo i ovaj je s njim zajedno oko mene obletao. Sad me neće ni on poznati.

MITA: Ja? Gospodin baron, ko je ova persona?

ALEKSA: Ostavi je, molim te. Devojka sišla s uma, pa govori i sama ne zna šta.

MARIJA: Nije li ovo Mita, koji mi je svaki dan govorio, kako je Aleksa dobar mladić i kako ću s njim srećna biti?

MITA: A, sad znam: ova devica umstvuje da bi dobro bilo postati suprugom barona Golića. Hm, gust nije rđav, i gospodin baron naučeni su na ovakova pojavlenija. Znate li, gospodin baron, onu devojku u Ameriki? Na silu hoće da je s baronom Golićem venčana, i plače, što neće da je prizna za suprugu. Plan je zaista lep, i — ne zamerite mi, Vaše Sijateljstvo! — sad ću i ja početi tražiti baronese. Može biti da će se naći kakva, koja će mi verovati, kao vi ovoj personi.

ALEKSA: Ha, ha! Ti dobro govoriš, Dimitrije.

MARIJA: O, zoljo, kad se još smejati možeš! Teško, teško meni; al' teško i ovoj dobroj devojki, u kakve je ruke pala!

MITA: A, ovo je mnogo! Gospodin baron, možete li to otrpeti?

ALEKSA: Ot bezumnih mora se svašta terpiti!

MARKO: Ćerko, ti sramotiš moga zeta.

MARIJA: Lažu, koji se izdaje za barona.

JELICA: Das ist zu viel!

MARKO: Uzmi se ti na um!

MITA: Znaš li ti, bezobraznice, kom tako govoriš?

MARIJA: Laži i Paralaži.

ALEKSA: Šta je toliko trpite? Napolje s njom!

MITA *(ščepa je za ruku)*: Napolje!

MARKO: Stan'te malko, stan'te: eto i Batića.

ALEKSA *(na strani)*: Taj mi još treba!

## VII

### BATIĆ, PREĐAŠNJI

MARKO: Baš si u dobro vreme došao.

BATIĆ: Gospodin Vujić, ne znam kako ću da vam u oči pogledam. Moja bezumna — tako da kažem — mati polakomila se na reči jednog nitkova i dala prsten Jeličin, misleći da dobija dukate u zalogu za njega. No kako mi je bilo, kad sam kući došao i ove tantuze našao! *(Prospe ih po astalu.)*
MARKO: Šta?
MITA *(tajno Aleksi)*: Eto ti tvoja špekulacija!
BATIĆ: Svuda sam lopova tražio i još ga jednako moje sluge traže, no badava! A nije mi toliko ni za cenu, kao zato što je spomen Jeličin od pokojne matere. Međutim uvereni budite, da ću ja takav isti načiniti dati, ma pošto bio, kad se takva nesreća dogodila.
MARKO: Ja ne znam šta ti govoriš, Batiću? Prsten je kod mene.
BATIĆ: Kod vas?
ALEKSA: Da, tu je prsten.
BATIĆ: No, hvala Bogu, hvala Bogu! Kako me je ožalostio! Ništa, samo kad je kod vas. Ali kako ga dobiste, za ime božje?
MARKO: To će ti najbolje kazati gospodin baron. *(Pokazuje rukom na Aleksu.)*
BATIĆ: Gospodin baron! Zar baroni varaju stare žene tantuzima?
ALEKSA: Oprostite, ja sam joj dao dukate koji po Španiji i Americi hode.
BATIĆ: Samo kod nas nemaju cene. Gledajte, gospodin Vujić, gledajte! Je li ovo zlato?
MARKO *(gleda, pa vrti glavom)*: Šta ćeš, kad smo i tako rod!
BATIĆ: Ja ovog nitkova moram vući u policiju, koji stare žene vara. *(Uhvati Aleksu za prsi.)*
MARKO: Ho, ho, ho!
JELICA: Hilfe, Rettung!
MITA: Barona za prsi!
BATIĆ: Ovaj je baron, ovaj je baron?
MARKO: Šta činiš ti, Batiću? *(Rastavi ih.)*

ALEKSA: Gospodična, ovo je sozakljatije protiv mene. Oni su se dogovorili.

BATIĆ: Šta „dogovorili"? Ovamo u policiju! *(Povuče ga.)*

JELICA: Ne dajte, tatice: oteše mi barona!

ALEKSA: Saprment! U ime moje privilegije protestiram.

MARKO: Jes' čuo, Batiću, ja tebi lepo kažem da mi ne diraš u zeta, il' ću ti odmah pokazati vrata!

BATIĆ *(pusti ga, začuđeno)*: Vaš zet?

ALEKSA: Na svaki način, pa makar vi još toliko hudožestva upotrebljavali.

MITA: Gospodin Vujić i gospodična, ja ću vam abije protolkovati ovu parnicu. Gospodin Batić, čuvši da gospodična dobija takvu partiju, a njega ostavlja, naravno, morao se ogorčiti i s ovom devicom dogovoriti, da ga od vas otrgne.

ALEKSA: Besprekoslovno!

MARIJA: Ja kažem da on nije baron.

JELICA: Vi držite usta, kad ste me već rajcovali! Iz očiju mu viri baronstvo. Moja draga, nećete postići ono što ste naumili. Na mene je jednu pala ta sreća, da budem gospoja od Golić.

MARIJA: Ja vam čestitam takvu sreću! Nego se bojim, da gospodin od Golić ne ogoli i vas kao mene.

JELICA: Nemojte se besorgovati!

MITA: Moje bi mnenije bilo da gospodin Batić uzme ovu devicu. Prilika može dobra biti, a gospodin baron činiće svoje.

ALEKSA: Kako mi veksla iz Amerike stigne, neću propustiti mladencima sjajni prezent učiniti.

MARIJA: O, lažljivico! Vratio si mi i ono što si mi izvarao, tek nisi prezente davao!

MARKO: Dragi Batiću! Ne što sam bolju priliku našao, ili što sam kakvo nevaljalstvo za tebe čuo; nego slučajno pronašlo se da smo rod: i zato ti Jelicu ne mogu dati.

BATIĆ: Mi — rod?
MARKO: Prisni rod! Eto pitaj gospodina barona.
BATIĆ: Barona? Dakle i to je baron učinio? Mi nismo znali da smo rod, nego on da nas nauči! Gospodin Marko, ja Jelici želim svaku sreću, niti ću se srditi, ako ona za drugoga pođe; samo dopustite da nam ovaj gospodin svoje baronstvo osvedoči.
MARKO: Nipošto! Ja tebi lepo kažem da ideš iz ove kuće, ako misliš da ostanemo dobri prijatelji.
BATIĆ: Neka nam barem pasoš pokaže: od toga se nijedan pošten čovek ne zadržava.
ALEKSA: Šta? Pasoš! Kako vi smete mene sramotiti i pasoš iskati? Kad su baroni nosili pasoš sa sobom? Nisu li oni svuda fraj?
JELICA: Tako je, tako je! To svi u Beču znadu.
MITA: Kromje toga, baron putuje inkognito.
JELICA: Ah, i princevi putuju inkognito!
ALEKSA: Zato da svršimo ove detinjske stvari. Ova persona *(za Mariju):* uvredila me je, istina, ali ja joj opraštam, i želim da u napredak više predostorožnosti ima. Ja pak, s moje strane, gledaću, kad joj se sreća pojavi, da joj ne odrečem blagodjejanije po dostojaniju mojemu, tj. hiljadu forinti, koje traži, daću joj velikodušno. Što se pak gospodina Batića tiče, njemu na svaki način mora biti žao; ali kad pomisli da je gospodična u Beču vospitana, to će se lako moći skloniti, da drugu sebi partiju traži. Sve, što bude u našem mogućstvu, nećemo mu odreći kao prijatelji njegove kuće.
MARKO: A, Batić ostaje moje dete.
BATIĆ *(Aleksi):* I tako smo gotovi?
ALEKSA: Soveršeno.
BATIĆ: To mi je milo. Samo ću ja policiji javiti da pretrese toga barona i nas izvesti za koga Jelica polazi.

ALEKSA: Dragovoljno, dragovoljno! Ja se nadam najboljoj satisfakciji. *(Izvadi maramu i počne se brisati, no u isti mah ispadne mu pismo.)*

BATIĆ: Ha, evo pasoša! *(Zgrabi pismo.)*

ALEKSA: Saprment! To su tajne korešpondencije iz Amerike: ne usudite se čitati!

BATIĆ: Ništa, ništa; da vidimo samo titulu.

ALEKSA *(Miti lagano)*: Sad smo obrali bostan!

MITA *(isto tako)*: Kad si magarac bio...

BATIĆ *(čita)*: „Ljubezni Aleksa!" Aha, tu smo!

MARIJA: To je njegovo pravo ime.

ALEKSA *(hoće da uzme pismo)*: Vi znate kakva je kazna za onoga, koji tuđa pisma otvara i čita.

BATIĆ: Ništa, ništa: mi smo sad i tako rod! Osobito, nećete pred nevestom imati nikakve tajne. *(Čita dalje):* „Znaj da Marija kao utučena ide. Ne ubijaj sreću toj devojki, nego svrši, kad si obećao. A što se tvoga novog imena tiče, moram se smejati: Golić si i po sebi! Šta će ti još i titula na to? Tvoj iskreni Pabić." No, gospodin baron?

MARIJA: Vi vidite da je to pismo mene radi pisano. Pabić je moj komšija i čovek pošten, kome je vrlo nepravo što je ovaj sa mnom učinio.

JELICA: Gott! Gospodin baron!

BATIĆ: Lep baron!

MARKO *(pljesne se po čelu)*: O, lude moje glave! U kakve sam ruke hteo sebe i svoje dobro predati!

MARIJA: Gospodična, sad ste dovoljno izvešteni.

BATIĆ: Sad će gospodin baron moći valjda u policiju. *(Ščepa ga.)*

MARKO: Stan'te: prsten najpre i novce, zaboga!

BATIĆ: Tako?

ALEKSA: Ovo je na mene potvorenije. Ja neću ostaviti, makar devet sela potrošio! No zato ništa: evo prstena, gospodična! Ja vam ga sa onim userdijem vraćam, s kojim sam ga i primio, želeći da vam zadovoljstvo u objatiju braka prinese.

JELICA: Gott, kako je meni!

MARKO: To su tvoji rumani i baroni! Nisam li ti sto puta kazivao, da se ostaviš tih budalaština. Šta bi bilo, da se nije slučajno ovako dogodilo? Hvala ti, pošteni Batiću! Ti si zaslužio da moj zet budeš. A vi, gospodo baroni, šta li ste, uklonite se od nas smesta, jer smo mi ljudi prosti: ne umemo da vas čestvujemo, pa vas možemo po našoj prostoti i u gvožđe okovati. Tebi pak, ćerko *(Mariji):* evo polutina od one sume, koju mi je taj tvoj baron odneti hteo. I ti si mi dosta pomogla. Idi i traži sebi sreću.

MARIJA: Ah, ja nemam drugome, nego koji me je izneo na glas. Aleksa!

ALEKSA: Da te đavo nosi! *(Naprasno iziđe.)*

MARIJA: Ah, ja opet moram za njim! *(Otide.)*

MITA: A ja? Toliko muka samo za jedan ručak, i to je magareći posao! *(Otide.)*

JELICA *(pokrije lice rukama)*: Ah, Gott! Šta se od moga romana učini!

MARKO: Jes' čula, devojko! Ja sam tebi sto redi kazao da ćeš ti meni glave doći s tvojim rumanima. Više da te nisam video s tim knjigama! Razumeš li me?

JELICA: O, tatice, a kako ću se unterhaltovati?

MARKO: Unterandluj se ti preslicom, šavom i drugim, pametnim knjigama, a ne besposlicama i dangubicom.

JELICA: O, tatice, vi ne znate kakvu nam hasnu romani daju.

MARKO: Kakvu hasnu? Da se čepiš kao lutka; kad govoriš, da se i sama ne razumeš; da držiš kojekakve proteranice za barone: to učiš iz tvojih krasnih rumana. Ja ti poslednji put kažem: da te nisam video s njima! Grebene — crn vam obraz! — i perajicu, a ne kojekakve mozga baukove!

JELICA: O, tatice, da vas čuje Čoke i drugi romanenšrajberi, digli bi proces na vas.

MARKO: Šta? Proces? I proces da teram kroz tebe. A, nećeš ti meni tu mnogo mudrovati! *(Uhvati je za ruku i dovede do Batića):* Sad taki da mi obrečeš da nećeš nikada više knjige čitati!

JELICA: O, tatice!

MARKO: Taki, velim; jer ti znaš ko sam ja, kad se rasrdim.

JELICA: Ali, zaboga, tatice! Ja ne znam kakvo je vaše srce!

MARKO: I još govoriš?

JELICA: Ah, Bože! Slatki tatice, čekajte bar malo, da se samlujem.

MARKO: Ne znam ja za slamovanje, nego ja zapovedam.

JELICA *(žalostivo)*: Kad nije drugojače, ja vam moram obreći.

MARKO: Tako! Sad još jedno: da nikada na barone ne misliš.

JELICA: Ah!

MARKO: E, sad možeš biti Batićeva supruga i dobra gazdarica.

# Kir Janja

*(šaljivo pozorište u tri dejstva)*

VISOKOUČENOM GOSPODINU
GAVRILU PEKAROVIĆU
medicine doktoru
SVOM LJUBEZNOM PRIJATELJU
posvećeno

Rado t' druže dižem pamjatnike
Posvećujuć' tebi moje knjige.
Samo nemoj da se red izmeni,
Da pamjatnik ti podižeš meni.

# Predslovije

Posle izdanija *Laže i Paralaže* mnogi su mi ovakovog roda knjiga ljubitelji često napominjali, da ne bi bez polze bilo još štogod na isti način sostaviti i sredstvom pečatnje čitateljem i čitateljkam spriopštiti. Ja sam istina mnogo koješta — koje obače iz nekih uzroka na svet izići ne može — sočinio, gdešto pak i na pečatnju izdao; no počem s jedne strane dugovremena bolest pero iz mojih ruku istrgne, s druge pak promenuto zvanije mene za sobom povuče, i nehoteću mi, morala je moja i mojih prijatelja želja neispunjena ostati. Što predstojeće šaljivo pozorište na svet izilazi, povod je najviše ovaj, što sam jednom s ljubeznim mojim prijateljem, g. doktorom Pekarovićem, o srebroljubiju besedeći, njemu tvrdo obećao *Tvrdicu* napisati i, ako vredno bude, pečatnji predati. Okružen teretom zvanija moga, za održati prijatelju mome zadanu reč, morao sam pri slabom sostavu i očiju i celog voopšte tela moga, takoreći, časove krasti, i k sočineniju ovoga dela posvećavati. No ovde neka niko ne pomisli, da je moje namerenije hvaliti se (premda su gdekoji baš ovim povodom to isto napominjali), no iz toga najviše uzroka ovo navodim, da se vidi kakve je naša literatura sreće, gde sirječ spisatelji sve sile uma svoga na privatna dela obraćaju, a k sočineniju dela jednog, koje se voopšte celog naroda tiče, samo časove odohnovenija, tj. u kojima spisatelj pišući odmora traži (!!!), posvećavati mogu. Sad kakova sočinenija sledovati moraju, lako se zaključiti može. No ni po čuda! Položenije bo Srbalja zasada je takovo, da, ako bi se koji — izuzimam imućne, ili one koji su u prizreniju načina života s druge strane obezbeđeni — isključitelno na knjigopisanje odvažio, i zvanije svoje prenebregao, lako bi (da ne kažem „izvesno") do nužde i hleba željkati došao, o čem nas ne samo naši, nego i kod samih Engleza spisatelji, kao Batler, koji je, pri svem klasicitetu svoga divnog sočinenija *Hudibras*, upravo od gladi skapati morao, dovoljno uveravaju.

No ovo kao uzgred. Moje je namerenije pri pisanju *Tvrdice* bilo, uzimajući navlastito na rasuždenije mâlo, bolje reći nikakvo čislo komedijâ na našem jeziku, takovo delo napisati, koje bi čitatelja ili gledatelja (jer je vreme, mislim, da se i kod nas teatri zavedu) na zevanje ne nateralo, no pače časove mu brigâ i domašnjih nezgoda puno razgalilo, a pritom — ako uši slušati ima — i nauku življenja pridodalo.

Naposledak, da ne pomisli tko, da je moje namerenije s Kir-Janjom narod grčki na poruganije izvoditi. Ja imam dovoljno uzroka grčki rod ne inače nego s počitanijem predsretati, a vidovit će čitatelj lako, i bez moga izjasnenija, primetiti, zašto je ovo tako uređeno.

Ovom prilikom nužno je i neka grčka izraženija, koja se u delu ovom nahode, rastolkovati, kao npr. *Pan metron ariston* znači: umerenost je polezna; *o tis anankis!* o nesreće; *škilji, skilos*, pseto; *hondro kefali*, debela glava; *kaka isterna*, rđav posledak; *O tihi, o keros!* o srećo, o vreme; *eleimosini*, milosrdije; *apelpisija*, očajanije i dr. Druge se reči mogu lako nagađati.

U Vršcu, meseca soptemvrija 1837.

Sočinitelj.

## Predgovor k drugom izdaniju

Delo ovo imalo je sreću takvo blagovolenije kod čitatelja mojih naći, da se ne samo svi egzemplari, koji su izvan prenumeracije ostali, u pravom smislu reči razgrabili, no da su još sa svih strana ljubitelji dotle s pismama navaljivali, dok im nisam obećao *Tvrdicu* po drugi put na svet izdati. Ja sam pozorište ovo pri vtorom izdaniju s jednim licem umnožio, no s otim mislim, da se delu ništa nije škodilo. Ništa manje, ako bi se ko našao, kome ovo ne bi bilo po volji, tome kao preki lek preporučujem svuda: što mu se god ne dopada, perom nekoliko puta prevući, i s otim ćud svoju zadovoljiti. Ovo se sredstvo kod svake knjige slobodno upotrebiti može, s otim više, što je pomoć očevidna, a za recept se ništa ne plaća. — Međutim pri povtoritelnom izdavanju veselog ovog pozorišta ništa drugo ne želim, osim da ono, prilikom prvog izdanija zadobiveno već blagovolenije, i sada, i dalje zadrži, i radovaću se, ako delo ovo kadro bude moje ime i u poznije vekove s istim dejstvom, koje sad proizvodi, preneti i zadržati.

Sočinitelj.

LICA:

KIR-JANJA
JUCA, njegova supruga
KATICA, Janjina kći od prve žene
MIŠIĆ, notaroš
KIR-DIMA
PETAR, kućevni sluga

# DEJSTVO PRVO

## I

### KIR JANJA razgleda haljinu, JUCA šije

JANJA: Pan metron ariston. Krasno grčko mudrost! Sve sos mera, sve sos mera, pa ćiš dođiš do velika slava. Ama prokleto sadašnje svet oći sve visoko: oći mamuzu, oći bal, oći kafana, oći svilena kadifa. O tis anankis! Oćiš moda! Kamo aspri? Glediš na baron, glediš na gospoda. Kaimeno! Ne znaiš da ći da propadni svet? Nema špekulacija, nema trgovina. Pošto tiftiku? — bađava; pošto pamvuk? — bađava. Sad je došlo vreme da čovek idi bez čizmu.

JUCA: I to bi lepo još bilo!

JANJA: Što ti tu govoriš, škilji? More, znaiš li, što je svet? Sediš kako milostivo gospođa, čekaš dvanaest sata, da jediš, da piiš, da spavaš. Što ćiš da jediš, što da piiš? Što si stekla? Kad je bilo rat, kad je bilo kugu, da mori malo toliki ljudi? More, propadniš, more, propadniš, kukavico!

JUCA: Nisam se ni tom nadala, da ću kod vas propasti.

JANJA: Nisi si nadala! Što si si nadala? Da si voziš na četiri konji, da ti služi katanu? Suči rukavu, kukavico, pa čuvaj tvoja kuća, ako misliš da imaš leba i sol.

JUCA: Kad ste me prosili, vi niste tako govorili.

JANJA: Što sum govorio? Da ti držim u lutku, da ti pravim maska? Nije dosta, kad ti zovim: dušo Juco; kad ti kažim: pili moje?

JUCA: Otkako sam se u kuću dovela, vi još niste zapitali: treba li mi štogod i kako živim. U kakovim sam se haljinama venčala, u tima i danas hodim. Niti marite za mene, niti vodite brigu o meni; nego živim kao svaka poslednja u varoši.

JANJA: O škilji! Ne vodim briga za tebe! Što ti fali kod Kir-Janja? Imaš li dosta leba, lepo kako zemička?

JUCA: (A baš!)

JANJA: Mumliš? Oćiš da mumliš? Što je ovo? *(Donese hlebac):* Ton djavolon! Di je toliku lebu?

JUCA: Izeo se.

JANJA: Škilji nemarljivo, nepromotreno! Izio si! Sâm si lebac izio?

JUCA: Pa izeo se u kući.

JANJA: Srbsko hondrokefalos! Ne znaiš gramatiki? Kako ći lebac sam da si jedi? Ko je lebu dirao?

JUCA: Šta ja znam! Zar je malo u kući?

JANJA: Ne znaiš, škilji! A što si gazdaricu? Što sum ti uzio? Da čuvaš kuća, ili da glediš na pendžer, na mlado oficir? O, siroma Kir-Janja, moraš da propadniš kroz nevaljalo svet!

JUCA: Sad da propadne kroz malo hleba što se u kući pojelo!

JANJA: Kučko prokleto, što mi daiš vatra u moju srcu? Esmo ručali kako firšt? Esm kazo, da si čeka večeru? More, znaiš što je to: *Pan i metron ariston? — O tis anankis!* Kad je najveću sirotinju na ovaj svet, onda pravi parada, široko visoko?

JUCA: Gospodaru, vreme je već, da se jedanput i ja kao žena sa svojim mužem razgovorim.

JANJA: Što ćiš da govoriš, da mi praviš šteta?

JUCA: Kad ste me prosili, vi ste meni ono obećavali, što bi i za groficu mnogo bilo. Vi ste meni dukate...

JANJA: Ćuti, ćuti, škilji! Kakvi dukati? More, krajcaru, more, nema, nema, nema!

JUCA: Vi ste meni dukate pokazivali, i svakojakim načinom ste gledali da me zaslepite, da za vas pođem. Ja sam se polakomila. No sad vidim da sam pogrešila, što sam moju mater poslušala, a nisam za onoga pošla, kojega je moje srce izabralo.

JANJA: Za ono Jovan, što sedi ceo dan u kafana, i igra šervinclu?

JUCA: Kakav je, takav je; bar je mlad i moja prilika.

JANJA: O, lepo! Tako si počitui svoga gospodar?

JUCA: Ja znam da je dužnost žene svoga muža počitovati; no mislim da i žena ima pravo, kad zahteva da je muž ljubi.

JANJA: E, to je lepo reč, to je lepo slovo! Odi da ti polubim.

JUCA: Nije samo dosta ustima ljubiti; nego treba muž da pazi šta mu žena zahteva, pa da joj čini po volji.

JANJA: Ama treba i žena da sluša svoga gospodar.

JUCA: Ja ne znam u čemu se vi na mene možete potužiti?

JANJA: Koliko sum ti puta molio i pravio inštancija: „Dušo Juco, nemoj da si razgovariš sos naše mlado notaroš!" Aja! Juca neći da mi čui!

JUCA: On mene radi i ne dolazi, nego vas radi i zbog grčkog jezika.

JANJA: O, škilji, oćiš da mi vučiš štrikla preko nos! Zašto ne dođi on, kad sum ja kod kuću, nega sve kad ja idim po moja špekulacija? Vidiš, kako ti uvatim! More, ne možiš da prevariš Grku! Vidiš, ja, vidiš! *(Kuca se po čelu):* Nega da mu kažiš da mi više ne dođi u moja kuća.

JUCA: Tako niko ne govori, ko ima devojku na udaju.

JANJA: Što udaju? Katica je dete.

JUCA: Od osamnaest godina.

JANJA: Pa? Kad sum se ja s njenu mati ženio, imao sum trijanda pendi. Iha, kako bi gospođo Juco želela da donesim čitava bolta, da pravim prokleto štafirung, da činim parada, da držim svadba! More, nema aspri! More, nema, nema! Oći da propadni svet!

JUCA: Zbilja, da mi date po forinte, da se kupe žice.
JANJA: Kakvu žicu?
JUCA: Katici na gitar.
JANJA: Kirije imon! Koliko sum krajcari već dao kroz to prokleto gitar!
JUCA: Gitarmajstor je već pet sati zbog žica propustiti morao.
JANJA: Da ti kerveros nosi gitaru, da ti nosi modu i moju pametu! Ej, tihelaj Janja, tako si kuća ne teči! Ne mi više govori. Nema novci.
JUCA: A kako će biti s mojim šeširom?
JANJA *(uplašen)*: Kakvo šešir?
JUCA: Ja mislim vreme je već, da mi nov šešir kupite.
JANJA: U, hu, hu! Pa, pa, pa! Novu šešir! Milostivo gospođa! Kir-Janja! Šešir?
JANJA: Ja sam i kod moje matere šešir nosila.
JANJA: Idi kod tvoju mati, neka ti kupi.
JUCA: Ja mislim da ste mi vi muž.
JANJA: Nemaš dosta aljinu? Oćiš široko visoko? Oh, žensko dugačko kosa! More, znaiš li da je slavno Diogen sedio u buru?
JUCA: Kad je bio lud.
JANJA: Što lud? Grečesko slavno filosof lud? Nepromotreno, nerasužđeno! More, da izgubiš glava za ovo slovo, da si u Moreja. Filosof, more, slavno grečesko Diogen sedeo u buru i išo bez čizmu.
JUCA: Valjda nije imao za šta da kupi?
JANJA: O hondrokefalos! More, slavno grečesko car Aleksander go moli, da primi dukati, veliki, kako tvoje čelo — filosof neći; car go moli — filosof neći. E, de, de! (Gumari, što nisi uzio tako lepo novac, pa da daš mene, da pravimo lepa špekulacija!)
JUCA: Taj Diogen, može biti, da nije bio oženjen, pa je mogao činiti što je god hteo; no ja sam vaša žena. Ja neću da se smeje svet od mene — nego da mi kupite šešir.

JANJA: U ha! Oćiš da se svađiš još sos mene?

JUCA: Ja sam dosta trpela. Šta će to reći? Kad nisi za ženu, da se nisi ni ženio. Sram da ti bude!

JANJA: Sramota na tebe i na tvoj rod, kako počituiš svoga gospodara!

JUCA: Ja sam činila što je god bilo moguće. Ali vidim da je to sve badava.

JANJA: Dušo Juco, što ćiš ti sos mene?

JUCA: Hoću da mi šešir kupite.

JANJA: Ama, za ime Boga, nema, more, krajcari! Kako da ti kupim, de?

JUCA: Kad nemate, ja ću da se rastavim od vas.

JANJA: O, škilji, oćiš da mi plašiš! Ne si plaši Janja, more, ne!

JUCA: Vi ste pri prosidbi kazivali da ste kapitalist od sto hiljada forinti; a sad kažete da ne možete jedan šešir da kupite. To je očevidna prevara. Za takovo što pravedno je da se žena rastavi. — A šta tu treba više razgovora? Daj mi što sam donela, pa idem mojoj materi. Živeću, kako mi Bog dâ.

JANJA: Dušo Juco, što si ti počela?

JUCA: Što sam počela, počela! Ja vidim da ovde nema za mene života.

JANJA: Pa to sve teće sa jedno šešir?

JUCA: Jest, za ljubov šešira.

JANJA: Ama, more, što ći tebe šešir?

JUCA: Ja hoću da imam.

JANJA: E kad oćiš baš, oćim da ti kupim za jedno ljubov! Nega da mi daš gracija tri dana, da si promislim.

JUCA: Šta će...

JANJA: Ama ne mi govori jednu reč, de, kad ti miluim, znaiš, jedno slovo. Oćiš da mi osiromašiš. Ajde, de! „Janja ima novci, Janja ima veliko dukjanu, Janja i bogato čovek!" O, oći da umri Janja, oćiš da vičiš: „Jao, majki moja, da pravim Janju od blato!"

## II

### BIVŠI, PETAR

JUCA: Evo Petra. Možemo ga poslati po žice.

JANJA: Da ti djavol nosi sos tvoju žicu! Da ti uzmi pamet, da zaboraviš! *(Petru)*: Esi skupio onu đubru sas pijacu?

PETAR: Aa?

JANJA *(jače)*: Esi skupio onu đubru?

PETAR: Kakvu tužbu?

JANJA: Tvoja prokleta uveta! *(Viče)*: More đubru, đubru, đubru!

PETAR: Ubru, ubru! Što ne govoriš ljudski, nego se ačiš?

JANJA: Pi, pi, pi, pi, kako mi daje vatra u moju srcu!

JUCA: Ja se čudim, zašto ga i držite tako stara i gluva.

JANJA: Hondrokefalo! Oćiš mlado katana, da platim pet stotina forinta? More, pamet, more, jà! Od deset godina mu pravim račun.

JUCA: A štetu ne računate što vam čini?

JANJA: Ti si kriva. Zašto nisi gazdarica u svoju kuću, da uzmiš na um?

JUCA: Ta odonomad je pred vašim očima kvara učinio.

JANJA *(uzahne)*: Siroma Janja, mora da postrada črez nevaljalo svet!

PETAR: Gospodaru, evo jedno pismo na vas.

JANJA: Ko ga šilji?

PETAR: Taki.

JANJA *(prodere se)*: Gajdaros! Ko e poslo ovu pismu?

PETAR: Šta vičeš tako? Nisam ja gluv! Ćir-Dima mi je kazao da mu taki odgovor odnesem.

JANJA: Kir-Dima je moju prijatelj. *(Čita):* O, dulos sas, Kir-Dimo! E, e, e, kala — tim, tim, tim — pošten čovek! Kala, kala. *(Pogledi u Jucu):* Dušo Juco, idi u tvoja soba. Imam jedna mala špekulacija.

JUCA *(odlazi).*

### III

### KIR JANJA, PETAR

JANJA: Tu ti pismu dao Kir-Dimu?
PETAR: A?
JANJA: U, što mi jediš, jedili ti psi! — Ama grafa j' od Kir-Dima, mu poznaim slovo. *(Gleda u pismo):* Deset hiljada forinta, tria per mezo, na četiri mesec, za edno pravo trgovac, i Rošildova obligacija u zalog, pe, pe, pe!!! Krasno špekulacija! Haris to Teo! Pero, sinko, iziđi malo u avlija.
PETAR: Kazaću mu.
JANJA: Što ćiš da kažiš?
PETAR: Da vam je po volji.
JANJA: Smeteno, gluvo! Iziđi u pole, kad ti kažim. Evo 'vako, jà! *(Uzme ga za ruku, pa ga izvede napolje i zabravi sohu):* Prokleta posla! Sad da izbroim novci. — Oho, čekaj malo! *(Zabravi vrata, kud je Juca izišla):* E, tako! *(Otvori sanduk):* Ama ovo prokleto Juco može da gledi kroz rupa. Kad vidi novci, zovi pustaliju, i mi ubi. *(Viče):* Dušo Juco, dušo Juco! Eno ćuti, pasjo vero! Oći da mi ubi. Kad broim cvancikih da sluša: „Oho! Janja ima novci! Odi, gospodar arambaša, da delimo!" *(Zatvori sanduk):* Juco, bre, Juco, bre! Nećiš da si zoviš? *(Otvori vrata):* Juco, more, Juco!

## IV

## BIVŠI, JUCA

JANJA: Pseto nevaljalo, di si bila?
JUCA: Bila sam napolju.
JANJA: Napolje, napolje? Ko e slušio moja špekulacija?
JUCA: Ja ne znam.
JANJA: Ne znaš, škilji! A ko e šuškio na moja vrata?
JUCA: Zaboga, u sobi nije bilo nikoga!
JANJA: Nikoga, prokleto kost, samo tebe! Nemaš tvoja kujna, kao gazdarica, nega da si skitaš po sobu?
JUCA: Zaboga, valjda znam šta mi je posao?
JANJA: Alopu! Znaiš da izgubi glava tvoga gospodara. Apage, škilji, u kujnu. Tu ti tebi mestu! (*Uhvati je za ruku, pa je istera napolje i zabravi kako jedna tako druga vrata*): Prokleto Eva, oći da prevari svoga muž! (*Otvori opet sanduk*): Moi krasni život! (*Premeće novce, pa posle ustane i protegli se malo*): Kako mi rasti srcu, kad vidim moi lepi dukati, kad gledim moi krasni taliri i kad pazim veliki pakli sos banku! Što ću da mu dam? Ovo kaži: „Nemoj mene, gospodar!" Ovo opet viče: „Nemoj mene, ja sum lepa!" Škilji mali, nećim da vas prodam, oćim da vas kotim, više, sve više, jà, dovde! (*Pokazuje vrh sanduka*): Pa onda da legnim, da spavam slatko. Odite vi! (*Uzme banke, pa broji*): Mia hiljada; ekaton, dio, trija, tesera, pendi, eksi, epta, okto, inja, deka: dijes hiljades; tris hiljades; teseres hiljades. Teseres hiljades to i deset hiljada u banku. Zbogom, vi drugi moi srci! (*Smeši se*): Oćim da vas zatvorim, da vas niko ne dira. (*Zatvori sanduk*): E, sad da nosim na Kir-Dimu, i da ištim obligacija. Oho! Ima više banku! (*Opet izbroji*): E, e, ja sum dobro trgovac. Ne može da fali Grku! (*Metne novce u džep*): Dušo Juco! (*Odbravi sobu*): Dušo Juco! (*Odbravi i druga vrata*): Dušo Juco!

# KOMEDIJE

## V

## JANJA, JUCA

JANJA: Dušo Juco! Ja ću da idim po moja špekulacija. Što ćiš ti da radiš?

JUCA: Ima se šta raditi.

JANJA: Da sediš ovde, da se ne makniš: da čuvaš tvoja kuća! Znaiš? Kad muž idi po svoja posla, dobru gazdaricu treba da vodi viršoft. — Razumiš što sum kazao? Da si ne makniš od tvoja soba! Sad ćim ja da dođim.

## VI

## MIŠIĆ, BIVŠI

JANJA: (U, prokleto posla! Sad ne smim da idim!)

MIŠIĆ: Sluga sam, Kir-Janja! Kako se nahodite?

JANJA *(pokloni se)*: Fala Boga, zdrav sum; ama zlo, zlo!

MIŠIĆ: Zašto zlo?

JANJA: Rđavu vreme: nema novci.

MIŠIĆ: E, hvala Bogu, kad ste samo zdravi! Biće i novaca.

JANJA: Kako ći biti, kad je nevaljalu vremenu? Gdi metiš, izgubiš; di radiš, imaš šteta, e, de! Ovakva vremena, otkad je svetu, nije bila.

MIŠIĆ: He, he, he! Ne bojte se. Nećete propasti, kad niste dosad propali. Ta vi znate štedeti!

JANJA: Štedim, gospodin, od nevolja, zašto si nema.

JUCA: Zapovedajte sesti, gospodin Mišić. *(Pokaže stolicu.)*

JANJA: A, gospodin notarius neći da si dugo bavi! (Prokleto Evo, mora da ti djavol nosi!)

MIŠIĆ *(Juci)*: Kad me tako lepa gospoja nudi, ne mogu odreći. *(Sedne.)*

JANJA *(uzme i sam stolicu i tako sedne, da je zaklonio Jucu od notaroša).*

MIŠIĆ: Kir-Janja, vi imate vrlo krasnu gospoju.

JANJA: Za mene krasno, za drugoga ružno. *(Preti Juci.)*

MIŠIĆ: E, naravno, da je ona za vas. Ništa manje, što je lepo, ono se mora svakom dopasti.

JUCA: Vi meni jako šmajhlujete.

JANJA: Što si ti mešaš u naše razgovor? Ti si dete, ti treba da slušiš što drugi pametni govori. Ajde u kujna, gledaj tvoje ručak!

MIŠIĆ: O, ja molim, neka ostane gospoja kod nas. Ta s tim je prijatniji razgovor, što je veće društvo.

JANJA: (Prokleto posla!)

MIŠIĆ: A gde je gospodična? Ona se ne daje videti.

JUCA: Ona je...

JANJA *(preseče joj)*: Otišla i... (Da ti djavol nosi!) *(Pomrkne na Jucu):* Otišla i kod svoja drugarica, znaite, da šije.

MIŠIĆ: I to je dobro dete! Samo treba da joj dobru priliku nađete.

JANJA: E, gospodin notarius, sad je pogano svet: samo novci! Eto ja: uzeo sum bez krajcaru, golo siroto. Ama sad, kako ti dođi u kuća, ne ti pita: „Kako ti je kći!" nega: „Koliko daš?" Otkud ćim da dam, kad si nema? Moramo da propadnemo sviju.

MIŠIĆ: Sad su već drugojačije počeli raditi. Tako juče čitam u novinama, gde jedan momak javlja da je od dvadeset i četiri godine, lep i dobro vospitan, i želi izigrati se na loteriji.

JANJA: Kirije imon! Da si ausšpilui?

MIŠIĆ: Jest, i to, po mom mnjeniju, nije ništa rđavo. On je uredio deset hiljada losa po forintu srebra: to su deset hiljada forinata. Svakom je slobodno metnuti, i na koju devojku sreća padne, dobiva smesta mladog muža i tolike novce.

JANJA: He, he, he! Pa posle, kad si ne milui, da si vuči za kosu?
MIŠIĆ: I za taj je slučaj sastarano. Ako se devojka, koja je trefer načinila, momku, ili momak devojki ne bi dopao: tako na ovaj slučaj dobiva devojka svojih pet hiljada forinata, momku ostaje drugih pet, pa se mogu oboje po volji usrećiti.
JANJA: Pa tako, na ovu načinu, može i žena udata da uzmi?
MIŠIĆ: O, dakako!
JANJA: Vraško svet! Kako si savija na svaka hunsvutarija.
MIŠIĆ: To je lepo, po mom rasužđeniju, izmišlenije. Nikom se ne škodi, a može se mnogima pomoći. Hoćete li i vi za frajlicu uzeti koji los?
JANJA: Los je tri cvanciki?
MIŠIĆ: Jest.
JANJA: O skupo, vrlo skupo, mnogo novac!
MIŠIĆ: Ta vi možete i onako usrećiti vašu gospodičnu. No ja se zadržavam. Ja moram još dalje ići. Znate li, zašto sam kod vas došao?
JANJA: Kad čuim.
MIŠIĆ: Poznato vam je da želimo naš varoški špital raširiti.
JANJA: Čuo sum. I to je lepo od naše magistrat!
MIŠIĆ: Budući da toliko novaca zasada u kasi nemamo, zato smo naumili dobre ljude u pomoć pri ovome pretprijatiju pozvati. Evo dakle lista! Izvolite zapisati, koliko vam je moguće. Što više, to bolje!
JANJA: U! Zaboga i poboga, gospodin notarius, sad da si čini troška na ova oskudna vremenu! Nema ljudi novci. To ne moži da bude. Neći niko da dâ nijednu feniku.
MIŠIĆ: Evo, hvala Bogu, skupljeno je već hiljadu forinata. Dajte i vi jednu hiljadu, pa ćemo lako namerenije dostići.
JANJA (*uplašeno ga pogleda*): Hiljada forinta? Otkud hiljada krajcara? Nema, gospodar notarius, nema. Znaite da nisum video krajcara prebijena od mesec dana.
MIŠIĆ: Naći će Kir-Janja, znam ja, samo ako hoće.

JANJA: Da mi djavol nosi, ako imam jedna krajcara u moju kuću!
MIŠIĆ: Ta vi valjda me nećete prazna otpustiti.
JANJA: Nemam, gospodine, nemam jedna krajcara zasad.
MIŠIĆ: E, hvala Bogu, kad nemate sad, biće drugi put. Ja mogu i drugi put doći.
JANJA: Što, drugi put? (Prokleta Eva mu mignila!) Gospodar notarius, dajte to cedulja. Vidim da moram da propadnim. *(Uzme pero i stupajući k astalu):* Evo da žertvuim po forinta.
MIŠIĆ: Oho! Manje se ne prima od deset forinti.
JANJA: Od deset forinta? Gospodar notarius! Kamo toliki novci?
MIŠIĆ: To iz moje glave ne ide; nego kako je magistrat zaključio, tako se ja vladam.
JANJA: (Što ćim da radim? Oćim da zapišim; oćim da si ubiim; nećem da zapišim, oći da dođi, bezobrazno, više put.) Gospodar notarius, evo da daim celo forinta.
MIŠIĆ: Ja ne mogu primiti, Kir-Janja.
JANJA: Ama mi ubite; nemam više sad!
MIŠIĆ: Ta, kažem vam, ne mora od časa biti. Mogu ja doći i drugi put.
JANJA: (Eto, mignila mu Evo, da dođi kod nje!) Gospodar notarius, evo da si ubiim; da dam dva forinta na to prokleto špital.
MIŠIĆ: Kad bi u mojoj vlasti stajalo, ja vam ne bih jamačno dosađivao; ali vi znate ko sam ja kod magistrata.
JANJA *(pruži mu listu)*: Gospodar notarius: evo vaša artija, evo moja Juca! Makar sto puta dođite: ja nemam da dam!
MIŠIĆ: Ta dobro! Vi niste takav čovek, da ćete se zatezati. Neka mlađi najpre, pa ćete vi, kao star, polagano za njima.
JANJA: Ja sum čovek ubiin. Svaku bedu na moju glavu. Siromah Kir-Janju!
MIŠIĆ *(ustane)*: Kako se vi teškate! A ima stotinu, koji bi želeli u vašem položeniju biti.

JANJA: Evo i! Neka nosi! *(Pokazuje Jucu):* I tako oći šešir.

MIŠIĆ *(nasmeje se)*: Sluga ponizni, Kir-Janja!

JANJA: Sluga poniznu!

MIŠIĆ *(polazeći Juci)*: Oprostite, što sam vas od posla zadržao.

JUCA: O, molim, vi nama s otim čest ukazujete.

JANJA: Veliko čest za moju Jucu. *(Trgne ženu, koja je pošla Mišića ispratiti):* Apage! *(Pri vrati):* Sluga poniznu!

## VII

### JANJA, JUCA

JANJA: Anatemata, anatemata! Oćiš da mi iziš glava!

JUCA: Šta vam je sad?

JANJA: Ti si mu mignila.

JUCA: Šta bih mu ja namigivala?

JANJA: Ti si Evo. Oćiš da prevariš tvog Adam. Što si mu kazala da imam toliko novci?

JUCA: Kako bih mu ja kazala ono, što i sama ne znam!

JANJA: Ne znaiš — ubio ti strela od grom! — kad si slušila na vrata? Ti si ono mačka što predi za furuna, a gledi što ći da kradi. Ti si onu Ezopovu lisicu, što viči: „Cili mili, Kir-Janja!" A ovamo mu metiš štranga za vrat.

JUCA: Zaboga, ali šta imate sad opet protiv mene?

JANJA: Što imam — anatemata! — što imam? Oćiš da kažiš notariusu da sedi, kad čoveku ima svoja posla? Oćiš da mu kažiš: „Mene je drago, mene je čest!" — da dođi opet?

JUCA: Zaboga, ta to je učtivost. Tako svi, koji su najmanje vospitani, rade.

JANJA: O, tako radi: da zovi notariusa na svogo muža! I još da mu kradi deset forinta! Otkud deset forinta? Ajde podaj ti, de, kad kažiš!

JUCA *(slegne ramenima).*

JANJA: Pa što govoriš? Da mi kradiš, da propadnim? O, talas ego! Da si otvori zemlju, da mi guta kod tako nevaljalo žena!

JUCA: Pa ne morate dati, zaboga! Ne može vam niko oteti.

JANJA: Vidiš alopu! Da ne daim — da dođi notarius mlogo puta, i kad nije Kir-Janju kući, da si unterhaltui, a Janja da plati.

JUCA: Znate li kako ćete učiniti da ne platite? Da razglasimo jedno jutro da su nas poharale pustahije; pa onda, kad se pročuje po varoši, svaki će vas žaliti, i niko vam neće dolaziti, da vas uznemirava.

JANJA: Pi, pi, pi! To je majstorsko plan! Tako može i da si nosi za mene jedno tas po crkvi. Da kažu ljudi: „Postrado Kir-Janja, ajde da go pomognimo!" Dušo Juco, ti imaš grčko pamet u glava. Ti nisi od serbsko rod.

JUCA: Mislim da se moja baba od grčka kolena vodi.

JANJA: Ih, ih, ih! Što mi ne kažiš, da ti pišim u novinu? Kakvo elinsko mudrost! Kad čui Grku u Morea, oći da ti digni u štatua, kako jedna Pitija. Eh, slavno Grecija! Jedno zrno kako si nađi od tvoga duh, teći eto pamet. Dušo Juco, oći da si svi Grku radui za tvoj rod.

JUCA *(u polasku, za sebe)*: Da vas đavo nosi! *(Otide.)*

## VIII

### JANJA (sam)

JANJA: Prokleto Eva! Ima više pametu nego ja. „Koliko j' izgubio Kir-Janja?" — „Deset hiljada forinta." — „Ajde da go pomognimo." Na, na, na! Koliko? Sto forinta! Doksa si o Teos! Treba da tečim pod mojom starostum. Imam deca. — Pi! Što mi reči ono notaroš za neko los? Oćim da uzmim za moja Katica. Deset hiljada forinta strebro — lepu sumu! Mene pet, Katici pet. Oho! A kad kaži Katica: „Ja sam dobila, ja sam gospodar, papu ne dam ništa!" — O, čekaj, škilji! Nećim da ti uzmim! Da uzmim bolje na Juca! — Aferim, Janja! Na Juca? Dođi mlad momak od dvadeset i tri godinu, da vidi Juca. On lep, Juca lepo; on migi, Juca migi; on si zaljubi, Juca si zaljubi — teće Kir-Janja u kupus. Prokleto posla! *(Misli se):* Nek idi s Bogom ova špekulacija! — Ama deset hiljada forinta u strebro! Janja, bre, čuiš? Deset hiljada forinti strebro! Ma tin timin mu, da uzmim! Za Katica? E, Katicu je dete. Da uzmim za Jucu. A ono momak? Vraško posla! Zar ja nemam grčko glava, da go prevarim? *Anev idrotos će pono uden*: ko neći da probira, neći da profitira — kaže elinsko mudrost.

## IX

### KIR-DIMA, PREĐAŠNJI

JANJA: O kala pltete, Kir-Dimo!
DIMA *(tihim glasom, lagano)*: Dulos sas! — Pos pigeni i dulja?
JANJA: Ahara! Oćimo da padnimo sviju preko nos.
DIMA: Pistevo! *(Maja rukom):* Kakos keros!
JANJA: O adelfe, svaku čoveku ima svoga radost, teći ja sum nestreća, sas prokletina na moja glava! Kitaksi, adelfe, oći šešir, prokleto široko visoko, oći svilena pantljika!
DIMA: Pios?
JANJA: Juco. E de! Oćim da kupim — oćim da si osiromašim; nećim da kupim — oći da idi prokleto na notarius, is ton oficir, će ta lipa. — Znaite sadašnje svetu.
DIMA: Tiflute to filun peri to filumenon.

JANJA: Što? Na ovu kugu od vreme? O Teos, filaksi! Propadnimo, propadnimo! Ahara, ahara, ahamna!

DIMA: Adelfe, oćim da ti rečim na serbsko slovo. Znaiš što sum došao?

JANJA: Za deset hiljada forinta.

DIMA: Malista! To j' edno. Daj go.

JANJA: Is kalin kardians, adelfe; ama znaiš grečesko mudrost: „To danion frontidon anapleon."

DIMA: Ne si brini, de! Jà to Rošildovu pismu. *(Pruži mu.)*

JANJA: E, kala! *(Izvadi novce, pa mu broji):* Ine kala?

DIMA: Evharisto.

JANJA: Ne „evharisto"; nega kad vratite, ondak „evharisto", a sade veksla!

DIMA: Kala, adelfe, kala!

JANJA: Nisam uzio interesu.

DIMA: Kala, de.

JANJA: Za tri meseca trista forinti.

DIMA: Kala. *(Broji mu.)*

JANJA *(skupi novce, pa metne u džep)*: Evharisto. Eto vekslu.

DIMA: Evtis. *(Potpiše.)*

JANJA *(gleda potpis, pa onda savije vekslu, i tek što metne vekslu u džep, opet izvadi i prevrće)*: Timiotatos antropos!

DIMA: E, esmo gotovi sos prva posla?

JANJA: Doksa si, o Teos!

DIMA: E, da izvadimo druga. Kir-Janja, ja sum došuo, da mi daiš tvoga Katica.

JANJA: Katica?

DIMA: Katica.

JANJA: Zašto ištiš ti moja Katica?

DIMA: Za edno crno oko, za edno grečesko nos, za edno mladost što go ima, i za edan poštene.

JANJA: A ne ištiš za novci, šta ima Kir-Janju?

DIMA: O Teos filaksi! Oći da mi si dopadni devojka — oćim da si ženim; neći da mi si dopadni — is ton Teon!

JANJA: Kir-Dimo, vi ste jedno pametno čoveku. Oćim da vam dam Katica, da go vospitavate. Ona i mlado ludo. Ima mati, što go vospitava za šešir, za svilena aljina, za mlado oficir, a ne za kujna i kecelja, da krpi izdrtu džaku, da nosi edni cipeli godina dana.

DIMA: Kala.

JANJA: Mi smo ljudi trgovci. Što treba široko visoko? Što ći štafirung: ua, veliko gospodsko? Ne treba tratra na svadba. Uzmiš tvoja mlada sos malo aljinu, a edosen o Teos; pa idiš u tvoja kuća, i glediš tvoja špekulacija kao pošten čoveku.

DIMA: Ama kraksite tin Katica, da vidimo oći da pođi.

JANJA: Što oći? Što neći? Mora, kad kaži pàpu! Da go šiljim u Atina, da pošljim u Amerika: mora da idi, kad oći papu.

DIMA: E, kala.

JANJA: Da budi svadbu, ne svadbu — da djavol nosi srpsko prokleto običaj! — da budi, ne da budi. Što moži da budi kod Kir-Janju, kad oći da propadni? Da si venčaite na mesec dana.

DIMA: Ja sum gotov, ali molim da dođim sutra, da si razgovarim sos Katica.

JANJA: Kopijasete.

DIMA: Tora prepi na kitazo tin dulja mu. Igienite!

JANJA: Dulos sas!

## X

## JANJA (sam)

JANJA: E de de, opet jedno špekulacija! Pravo kaži grečesko mudrost: „Tihi ton antropon pragmata uk evulia." Kir-Dimu i pošten čoveku: ne išti novci, ne išti visoko štafirung. Oći samo gazdarica. Ajde de, neka ima! Katicu i dobra. Katicu i vredna.

## XI

### BIVŠI, PETAR

JANJA: Što mi kvariš špekulacija?
PETAR: Gospodaru, pala nam šupa i ubila konje.
JANJA: Što, more, što?
PETAR: Mrtvi konji, nema više pomoći.
JANJA: Kirije imon! Ubiem si! *(Trči):* Ubiem si!

# DEJSTVO DRUGO

I

## JUCA, malo zatim KATICA

JUCA: Ovo čudo još niko nije video! Onde se ciganiše i štedi, gde je najveća opasnost. Ako ovaj čovek s njegovom tvrdoćom prođe dobro, to će svaki na svetu dobro proći.
KATICA *(stupi)*.
JUCA: Šta je, Katice?
KATICA: Sad je već badava! Toliko se s ljudma pogađao i cenjkao, dok nisu konji sasvim uginuli.
JUCA: Ja ovakovu narav nisam još nigda videla. Kad je u najvećoj nuždi, gde smesta potrebuje pomoći, tu mu još na pamet pada pogađati se! Žao mi je takvih krasnih konja.
KATICA: Ja sam dosad plakala, a svemu je tome papa kriv. Koliko sam mu govorila da pogodi za šupu majstore, koji razumevaju. Aja! Hoće on sam da zida, da zaštedi. Sad imamo sugubu štetu. Sirota, sad ne mogu ni haljinu dobiti, da se jedanput i ja ponovim!
JUCA: Bogme, on meni mora kupiti šešir, makar mu svi po kući pocrkali!
KATICA: Zaboga, mamice, kako ga možete sad vređati, a znate kakva mu je narav!
JUCA: Šta? Zar sam se ja udala, da mu gledam ove zidove, i da me s burazi hrani? Moja draga, kad nemam muža po volji, bar da se po volji nosim. On da nije uzeo oficirsku kćer!

KATICA: Nemojte, slatka mamice! Vidite, otkad nisam i ja haljinu promenila, pa ne protestiram.

JUCA: Kad si luda! I odonomad mi je kuma Persa u crkvi prigovorila, da smo već poslednje gotovo u varoši. Gledam druge: Bože moj, nakićene! Tu su ti minđuše, tu su ti valovi. U kuma-Perse kapa od blonda, crvena pantljika i beo cvet; oko vrata lanac od dve struke; haljina lilafarb i crn pojas; na vratu lep bajader. Pa ti stala kod stola seka-Jule — milo ti je da je pogledaš. A ja? Idem kao majstor-Glišina žena. A, nećemo mi tako! Ima Janja novaca. Kazivali su meni.

KATICA: To je istina, da on ima novaca; ali kad mu je takva narav!

JUCA: Pa kad mu je takva narav, da hodim kao prosjakinja? Zaboga, devojko, evo ti već devetnaest godina!

KATICA: Ah, Mica se još jesenas udala!

JUCA: Ako ovako ustraje, ti se nećeš ni udati. Ko će tebe bez novaca da uzme? Nisi još ni opravljena kao što valja. A drugo, nisi nigde ni na vospitaniju bila. Baš treći dan Uskrsa na jutrenju je o tom bio razgovor. Evo, jedva sam ga naterala, da te dâ učiti gitar, a i to ne bi učinio, da nisi gitar na poklon dobila, i da mu nije gitarmajstor dužan, od koga inače ne može da se naplati. Ali koja je hasna, kad neće ni žice da kupi! Pa tako moraš uvek poslednja da ostaneš u društvu.

KATICA: Ja sam baš nesrećna na ovom svetu! Svaka se zna štelovati i unterhaltovati, samo ja jadna moram da kukam.

JUCA: Zašto ne paziš kako druge rade?

KATICA: Ja mogu tri godine paziti, kako se veze, pa opet, ako mi se ne pokaže, sve badava.

JUCA: Hajde da te ja naučim.

KATICA: O, kad bi tako dobri bili!

JUCA: Istina, i ja sama mnogo ne znam; no mislim da će i toliko za tebe dosta biti. Svaka devojka, prvo i prvo, mora da pazi na svoj štelung. Koja na to ne gleda: mala, visoka, suva, debela, ona nije ništa. Da treba pravo ići, to znaš; no najlepše ćeš pravo ići, ako ugneš krstine unutra. Što više, to bolje.

KATICA *(probira)*: Bogme lepo!

JUCA: Sad hodaj, korake pravi sitne, no više uširoko nego udugačko.

KATICA *(probira)*: Slatka mamice, ovo je prekrasno! Koliko sam se puta divila majorovici, kako lepo hodi. Blago meni, sad me neće u ovom niko preteći!

JUCA: Vidiš, to je vospitanije. K vospitaniju prinadleži i lice. Rumenilo na licu više nije u modi, nego bleda boja. To je sad nobl. Zato gledaj da su ti uvek takvi obrazi, a ne paorski: crveni. Usta uvek tako drži, kao da bi se smejati htela, premda je kod noblesa regula retko, ali iz glasa smejati se.

KATICA *(podskakuje)*: Blago meni, sad sam i ja vospitana! Odsad se neću ustručavati, ma kakvo društvo bilo. *(Ulaguje se)*: Molim vas, slatka mamice, naučite me još štogod!

JUCA: To je dosta za tebe.

KATICA: Bože moj, dosta! Zašto mi ne kažete sve?

JUCA: Valjda ćeš da budeš princeza?

KATICA: Ali molim vas, samo još dve reči!

JUCA: Šta će meni posle ostati?

KATICA: Bože moj, ja vam neću ništa preoteti. *(Umiljava se)*: Kažite mi, slatka mamice, medena mamice. Znate kako nisam ono papi kazala!

JUCA: (Prokleta devojčura!) Dobro. Ako ti nije mnogo najedanput, ne branim. De da vidimo najpre hod i usta.

KATICA *(producira se)*.

JUCA: Dobro, kao generalica! Sad stani.

KATICA *(stane)*.

JUCA: Gledaj mi pravo u oči. Glavu malko više, još više! Vidiš, tako da ti glava uvek stoji, uvek malo gore izvijena! Sad, ako hoćeš koga da pogledaš, a ti tako gledaj, da ti oči k nosu idu. S tim si dobila, prvo, žive oči; drugo, niko te ne zna, jesi li zaljubljena, ili nisi, zašto uvek zaljubljeno izdaju; a treće, celoj personi osobito dolikuju.

KATICA *(donese ogledalo i proba)*: Je li ovako?

JUCA: Malo samo oči k nosu. Tako!

KATICA *(poljubi je)*: Slatka mamice, vi ste moja sreća.

JUCA: Sad kako ćeš, kad se staneš razgovarati? Vidiš: kad se s kim razgovaraš, treba upravo da mu u oči gledaš; govori ne vrlo brzo no nepresečno, tako da onaj, koji se s tobom razgovara, ne može reda dobiti. Nikad da ne pomisliš u sebi: „E, sad sam falila!" ili: „Sad sam se osramotila!" Kako ti to na pamet dođe, onda si prošla! Nego tako govori, kao da si ti gospođa, a oni oko tebe tvoje sluge. A, upravo, tako i jeste. Zašto inače ne bi nam se muškarci toliko ulagivali.

KATICA: Vi dobro kažete kako ću govoriti, a ne kažete mi šta ću govoriti.

JUCA: Šta ćeš govoriti? Početak razgovora neka ti je uvek o balu, muziki, teatru. Ako nema toga, a ti počni o vremenu, o haljini, kako su ti tesne cipele — pa eto ti razgovora!

KATICA: Mamice, ovo nije vrlo teško!

JUCA: Kad bi teško bilo, otkud bi tolike devojke naučile? Kad se smeješ, tako nameštaj usne, da ti se uvek zubi vide. Što god čuješ, nemoj se čuditi; zašto, ako je dobro — moraš napred znati, ako je zlo — ne treba da razumeš. Pravo, evo nam notaroša! Sad možeš taki početi.

KATICA: Ah, s njime neću moći.

## II

## BIVŠE, MIŠIĆ

MIŠIĆ: Sluga sam ponizan! *(Klanja se prvo Juci, posle Katici.)*
JUCA I KATICA: Službenica!
MIŠIĆ: Ja sam čuo za neki nesrećni slučaj. Je li istina?
JUCA: Za šupu?
KATICA: Ah, kukavni konji, tako sam plakala!
MIŠIĆ: To je baš šteta! Ovi su konji prvi bili u varoši. Ali kako se to baš tako dogodilo?
JUCA: Znate, kako naša poslovica kaže: „Skup dvaput plaća." Pređe dve godine pravio je šupu, pa čovek neće da pogodi iskusne ljude, nego hoće da sâm zida, da zaštedi.
MIŠIĆ: E, gledajte vi, kao da je ubog siromah!
JUCA: On sâm ne zna koliko ima novaca. Ali tako se to uselilo kod njega; samo da ne propadne, da štedi. Tako, za kukuruz daju mu ljudi lepo pet forinta. Aja! On hoće šest. Međutim, nije ga niko nadgledao, dok se nije uplesnivio, te je još morao plaćati, da ga iznesu.
MIŠIĆ: No, čujem da u kući lepo živi.
JUCA: O, mahnite ga, molim vas! Ako ima što sira ili putera, on donde čuva i jesti zabranjuje, dok se ne pokvari i ne usmrdi. Otkad sam ja ovde u kući, još se nije vina na astal iznelo. A u podrumu ima devet stotina akova.
MIŠIĆ: Tako su ponajviše stari ljudi. Sve se boje, da neće im stići. A to je zato, što ne mogu da rade, kao što bi želeli. Tako sam ja poznavao jednoga, koji je svaki dan u kafanu dolazio, a nikad ni krajcare nije trošio. Ovaj jedanput opazi gde se igraju karti, pa, polakomivši se zar na tolike novce, koje se u banki nahođahu, upusti se i on. Bogat je bio, to se znalo. Ali da ste ga videli, kad počne gubiti: kako se stane menjati u licu i drhtati i rukama i nogama. Najposle okrene vikati: „Uha, uha!" Kako što izgubi, đipi, pa opet sedne. Tako, da

smo mi okolostojeći neprestano mislili: sad će izdahnuti. — No šta ste vi, gospodična, tako ućutali? Vami je žao za konje? Ne pečalite se! Kupiće Kir-Janja druge.

KATICA: Žao mi je samo, što se mora tako star jediti.

MIŠIĆ: O, lako se može čovek utešiti, kad ima u sanduku dukata.

## III

### BIVŠI, JANJA

JANJA *(stupivši nikoga ne gleda, nego hoda po sobi)*: Hu, hu, hu!

MIŠIĆ: Šta je, Kir-Janja?

JANJA: Hu! Oći da mi udari šlogu.

KATICA: Žalosna, da zovemo doktora!

JANJA: Škilji, da mi vučiš još koja krajcara iz džepu?

KATICA: Zaboga, da ne propadnete!

JANJA: Da propadnim! Da dođi jednu vetru, da mi uzmi za kosu, i da mi nosi u luftu! O, moje lepo Miška, moje lepu Galin! Sad da uzmim štap, da idim da prosim pod mojom starostom.

MIŠIĆ: Ne treba tako, Kir-Janja. S tim škodite svom zdravlju.

JANJA: Što vi govorite, gospodar notarius? Šupu mi palo: koštui mi više od pet hiljada forinta; konji mi pođinuli: dve hiljade forinta! Dajte mi togo čoveku, koi moži da izgubi toliki novci na ovim vremenom, dajte mi, de! Siromah Janja, tvoju je sreću crno! Da uzmiš štap, da idiš kod crkvu, da sediš i ištiš krajcara kroz tvoju nesreću.

MIŠIĆ: A ko će da čuva, što je ostalo kod kuće?

JANJA: Šta ima kod kuća? Prazno duvar, tri drvi, dva stolica.

MIŠIĆ: I onih devet stotina akova vina s jednim okovanim sandukom.

JANJA: (Prokleto Evo!) Lako je, da si posmejavate sos starom čovekom. Ej, gospodar notarius, kakvo crna šteta!

MIŠIĆ: Šteta je velika, osobito onakvi dobri konji: u celoj varoši nije im bilo para.

JANJA: Sad leži mrtvo! Barem da moži da si posoli meso! Nega da go jedi psi zabađava. Oh, kaimeno Janja, kaka isterna, kaka isterna!

KATICA: Slatki papa!

JANJA: Ne mi govori: „slatku papu", mi govori: „gorku papu"; mi govori: „nestrećnu papu"; mi govori: „papu, što ći da ti uvati groznicu; papu, što ćiš da propadniš; tako jä, kako ednu veliku galiju na široku moru"!

MIŠIĆ: Zašto se vi pečalite onde, gde se možete pomoći?

JANJA: Da si pomognim? Da pravim drugu šupu, da kupim drugi konji? Što ćim posle da jedim s moju decu?

MIŠIĆ: Čekajte, da vam kažem što stoji u novina. Jedan je iznašao u Berlinu nov neki način luftbalon praviti, i to isključitelno konjskom mašću. Zato se sad obznanjuje: ako koji ima takove masti, neka se javi. Može imati za centu hiljadu forinta srebra. Kako su vaši konji debeli, izići će tri cente; pa ćete ne samo štetu nadoknaditi, nego još i profitirati.

JANJA: E li to istina, gospodin notarius?

MIŠIĆ: Dođite kod mene, kad god hoćete, pa ću vam iste novine dati, da se sami uverite.

JANJA: Pi, pi, pi! Gospodin notarius, to je dobra špekulacija! — Da kupim više konji, pa da i gojim i posle kolim. Kakva lepa profita!

MIŠIĆ: (Ovaj je lud!) Baš zato i jeste tako velika cena toj masti, što je od carstva strožajše zaprećeno da se niko pod živu glavu ne usudi marvu svoju ubijati. Jer bi se tako konji, koji su na veliku polzu ljudma, umanjili. Nego kako se slučajno kod vas dogodilo, vi ste vrlo srećan čovek.

JANJA: Pi, pi, pi! Pravo kaži grečesko mudrost: „Di i nestreću, tu j' i streću." Znaite što, gospodin notarius? Oćim i ja da načinim jedno luftbalon i da idim u Amerika. Čitao sum edno staro mudro grečesko knjiga, da tamo ima toliko zlato i biser, koliko pasul u Evropa.

MIŠIĆ: Jest, tamo ima neke ptice, koje legu biser.

JANJA: Uh, uh, uh! Kako je tu slatku reč. Oćim i ja da prođim svet pod mojom starostom.

KATICA: Zaboga, papa, šta vam sad pada na pamet!

JANJA: Ćuti, škilji! Oćim i tebe da donesim zrno biser i zlatnu minđušu, znaiš! Siroto moje Miško i Galin! Nisu mogli da mi nosi živu u Amerika, da mi nosi mrtvu. Gospodar notarius, vi ste pametno muž, što ste mi jedna lepa špekulacija kazali. Vi mora biti da ste Grk.

MIŠIĆ *(smeši se)*: To može lako biti.

JANJA: E, što sum kazao? Pravo Grk, pravo grčko pamet! Kad prođim preko Atina, da vas pišim u vivlioteka; i kad si vratim iz Amerika, da vam donesim jedna lula, turska, lepa, i za moja Juca šešir.

JUCA: Ne znam ja: kad se vratite; nego vi meni sad da kupite.

JANJA *(razrogači se)*: Pusto široko visoko! Imaš, more, pametu u tvoja glava?

JUCA: Prikladno pitanje!

JANJA: Ti nemaš pametu u glava, ti imaš u glavu đubru! More, vidiš tolika šteta u kuću, more? Što ćiš da si kitiš? Skini štrimfli i cipeli, kukavico, i pravi tamo blato, da krpimo šupa.

JUCA *(pogledi u Mišića)*: Kad bi bila Juca luda.

JANJA: Luda? Ko radi, onaj lud? Ko si kiti, pametno! O, prokleto nemarljivo svet, moraš da propadniš! More, oći da ti gazi sirotinja i nestreća, tako ja̋, kako besno konj trava zelena.

## IV

## BIVŠI, PETAR

JANJA: Eto moja verna Petra. — Sinko Pero, da sučiš rukava i deriš Miško i Galin, da si pomognimo u naša nevolja. Jesi razumio?

PETAR: A?

JANJA: Prokletu uvu tvoju! *(Mišiću):* Dobro sluga, sve sluša, ama ga to bio Bog, što neći da čui. Gumari! *(Viče):* Da naoštriš nožu i da deriš Mišku i Galinu.

PETAR *(gleda ga)*: Sad i konje da derem? Gospodaru, ja sam dosta svakojake poslove izvršivao, ali sad i poganije da derem? To, bogami, neće biti!

JANJA: Prokleto, nevospitano, najedeno, napijeno! Što si ti mene?

PETAR: A?

JANJA: U, kako mi baca vatra u srcu! Jesi ti moju slugu?

PETAR: Kako ne bih podigao huku, kad sad hoćeš da me pod starost načiniš, što nije ni moj ded ni praded bio?

JANJA: Neći da mi razumi, ugursuz! Primiš ti od mene plaća?

PETAR: Kad sam primio krajcare?

JANJA: Prokletu tvoju jeziku! Ama, more, primiš svaku godinu račun.

PETAR: Šta će mi sapun! Koji hoće, neka dere i bez sapuna, ja mu ne branim; ali Petar neće.

JANJA: Oćiš da si svađiš sos mene?

PETAR: Šta veliš?

JANJA: Ubio ta mati božja sos jedna prokleština na moja glava! — *(Viče što god može):* Što ćiš ti kod mene?

PETAR: Ta šta vičete tako? Nisam ja gluv! Eno neki ljudi čekaju tamo na vrati. Ne znam kakav razgovor imaju.

JANJA: (To i špekulacija!) Gospodin notarius, imate volja da idete u vašu kuću?

MIŠIĆ: Ja se vrlo rado s vašom gospojom i gospodičnom razgovaram. Zato ćete mi dopustiti da se još malo pozabavim.

JANJA: (Hunsvutsko posla!) Ja imam moja jedna špekulacija.

MIŠIĆ: O, izvolite vi, ja vas neću uznemiravati.

JANJA: (Neći da ti čui, prokletu veru!) Gospodar notarius, nećite malo da vidite kako je pala šupu?

MIŠIĆ: Malo posle izići ću, da vidim taj nesrećni slučaj.

PETAR: Hajde, gospodaru! Čekaju ljudi.

JANJA: Šta mi jediš, jedili ti psi! Idi kaži: ne treba mi špekulacija nikakva. (Oh, djavolska posla!) Gospodar notarius, oćite vi da se dugo bavite kod Jucu?

MIŠIĆ: O, taki ću izići da vidim šupu.

JANJA: Sad ćim ja da dođim. *(Otide s Petrom.)*

MIŠIĆ: Čudan starac, kako se on za svaku malenkost zauzima!

JUCA: Tako me, vidite, po ceo dan čangriza i jede.

KATICA: O, on je vrlo dobar čovek, verujte!

## V

## BIVŠI, JANJA

JANJA *(vrati se)*: Katico, i ti, dušo Juco, idite malo u vaša soba. Imam jedno malo razgovor sos gospodar notarius.

KATICA: Hoćemo, papa! *(S Jucom otide.)*

JANJA: Gospodin notarius, da mi oprostite, što ćim da vas pitam: zašto dolazite vi u moja kuća?

MIŠIĆ: Ko ne bi u vašu kuću dolazio, koja je od najpoštenijih i najodličnijih u ovom mestu?

JANJA: Moja je kuća pošteno, i ja sum pošten čovek. Ama, znaite, ne si složi nešto. Vidite, gospodin notarius, ja vas poštuim, kako jedno pametno muž. Ama, znaite, imam mlada žena, a svet je hunsvusko. Zašto da pravim sramota na moja kuća?

MIŠIĆ: Kir-Janja, ja mislim da vi o meni nećete sumnjati. Vaša je gospoja česna i poštena žena. No, vi imate jošte i jednu kćer.

JANJA: Katica je dete.

MIŠIĆ: Prekrasno dete! Tako, da bi se svaki, pravedno, u nju zaljubiti mogao. Ja bih imao jednu priliku za nju, i to je pravi uzrok, zašto ja tako često k vami dolazim.

JANJA: O, gospodin notarius, imam već prilika za nju: Kir-Dimu, moj stari prijatelju, čovek pošten, vredno trgovac.

MIŠIĆ: Zaboga, za njega da date vašu gospodičnu kćer?

JANJA: Zašto ne, gospodin notarius? Čovek, koji ima trgovaško duh u sebe!

MIŠIĆ: Dobro, zaboga; ali onako star!

JANJA: Što mu fali? Ne idi u kafana.

MIŠIĆ: I to nije najveća dobrodetelj u kafanu ne ići.

JANJA: Ne igra bilijar.

MIŠIĆ: Kako će da igra, kad je grbav?

JANJA: Ne zna minutu, ne zna tajč, ne zna kalup. Paši svoja kecelja, pa čuva svoja kuća kao pošten čovek.

MIŠIĆ: Zaboga, Kir-Janja, nemojte tako strogo postupati s vašom kćerju! Ta, hvala Bogu, kom ćete i vi? Nju jednu imate. Podajte je za njenu priliku. Zašto da se ne usreći, kad vam je moguće?

JANJA: Što mogući? Eto sum veći propao. Nemam ništa. Oćim da prosim. Što vi govorite, gospodin notarius, za ova šteta, na ovaj svet? O Teos, filaksi, moramo da pođinimo sviju!

MIŠIĆ: Kir-Janja, ja vas molim, nemojte da vučete greh na vašu dušu: nemojte je davati starom Kir-Dimi!

JANJA: Gospodin notarius, vi mene uvređivate! Šta fali moju Jucu?

MIŠIĆ: E, šta vi uzimate vas? Vi ste čovek još mlad, osobito u snagi, i lepi. Ko može Kir-Dimu s vami sravniti? Vi i on — znate, kako kažu Grci — kao Apolo i Vulkan!

JANJA: Pi, pi, pi, pi! Kakvo lepo reč, pravo elinsko! — Ko i tu momku, što bi teo moja Katica?

MIŠIĆ: Hoćete da vam istinu kažem?

JANJA: To si znade. Da go poznam.

MIŠIĆ: Taj je momak Mišić notaroš.

JANJA *(gledi ga)*: Gospodin notarius! Što vi govorite? Ne može da bude.

MIŠIĆ: Zašto, Kir-Janja?

JANJA: Vi ste čovek gospodin. Vami treba mnogo novci.

MIŠIĆ: Koliko mi treba, toliko mogu zaslužiti.

JANJA: Ama oćite lep štafirung i latura.

MIŠIĆ: Onako, kao što Kir-Janja može učiniti.

JANJA: Ama, ma ton Teon, ne moži Kir-Janju ništa! Što vi mislite, gospodin notarius? Kir-Janja ima dukate? Prokleto ono dukat, da mi gori na pupku, ako imam!

MIŠIĆ: (To je mnogo!)

JANJA: Ako oćite bez krajcaru, ajde de. Ama za novci? Nema siromah Kir-Janja. Kamo streća, da moži da iskopa dve akove dukate, da dâ vama sto, Katici sto, da budete strećni!

## VI

### BIVŠI, PETAR

PETAR: Gospodaru, ne mogu ljudi više da čekaju.

JANJA: Gospodin notarius, sad ste čuli moje plan. Možete isti kući.

MIŠIĆ: Rad sam malo videti šupu.

JANJA: Kala, kala. *(Petru):* Vodićeš gospodin notariusa kod šupu, da vidi konji. On će ti pokazati kako treba da si deri koža. On je učeno muž, zna elinski. *(Otide.)*

MIŠIĆ: Ha, ha, ha! Lep mi zanat dao! Ali čekaj malo, starče, uhvatiću ja tebe! *(Petru):* Gde ti je gospodična?

PETAR: Šta velite, gospodine?

MIŠIĆ: Ovaj je dobar za tajni razgovor. *(Da mu jedan-dva desetaka):* Na, idi pij štogod.

PETAR: O, hvala Bogu, od pet godina videh i ja srebernjaka u ruci!

MIŠIĆ *(jače)*: Pa kako živiš ovde u kući?

PETAR: Kao naopako. Moj Grk, da može, on bi i paru svoju prodao i u novac učinio. Sad da mu derem crkotine! Nek mu dere njegov otac. Ja bogme neću, makar on pukao!

## VII

### PREĐAŠNJI, KATICA

KATICA: Ovaj se s vami razgovara, gospodin Mišić, a ne zna da ga je moj otac vikao. *(Petru):* Čiča Pero, idi brže. Traži te gospodar.

PETAR: Naći ću ja majstore za kože, koliko god hoće. Tek moja ruka neće pristupiti. *(Otide.)*

MIŠIĆ: Ovaj sve o konjma brigu vodi. Siromah, poplašio se, da ne mora derati. No ja sam kriv, što sam starca na to naveo.

KATICA: Zar to nije istina, gospodin-Mišić, što ste mu kazali?

MIŠIĆ: To sam ja izmislio.

KATICA: Zaboga, zašto ste ga varali?

MIŠIĆ: Ta to je blagodejanije čoveka utešiti, koji hoće da padne u očajanije. Kamo sreća, da je to sva šteta!

KATICA: Zar se još što dogodilo?

MIŠIĆ: Govorio sam s vašim gospodinom ocem o vami.

KATICA: O meni? Kakvim povodom?

MIŠIĆ: Slučajno u razgovoru. Najposle dođe reč o vašoj buduščoj sreći. Znate li: za koga namerava vaš gospodin otac vas dati?

KATICA: Za koga?

MIŠIĆ: Za Kir-Dimu.

KATICA: Vi sa mnom šalu provodite.

MIŠIĆ: Na moju čest vas uveravam, da je to istina, što vam kažem.

KATICA: Može biti, da se on šalio?

MIŠIĆ: To može biti, ali ne verujem. On misli da je to najbolja prilika za vas, budući da ne treba novaca dati.

KATICA: Sad već mogu verovati. Bože moj, Bože moj! Ja ne znam na što će ova njegova tvrdoća izići.

MIŠIĆ: Je li istina da je tako siromah?

KATICA: Mahnite ga s Bogom! Otkad ga znam, još se nije nikad pohvalio. Nego sve uzdiše, kao da je svet na njega pao.

MIŠIĆ: Dakle ja vam čestitam vašu budušču sreću!

KATICA: Vi me s otim obespokojavate. No, ja znam da neće ni on protiv moje volje baš tako postupati.

MIŠIĆ: Zaista, škoda bi i bilo. Vaša mladost, vaša lepota...

KATICA: Ja sam nesrećna!

MIŠIĆ: Gospodična, smem li slobodno s vama koju reč probesediti?

KATICA: Našto to, gospodin-Mišić? Vi ste našoj kući najprijatniji gost.

MIŠIĆ: Ova reč „najprijatniji" daje mi povod ono izjaviti, što bih inače teško izreći mogao. Gospodična, ja sam dosta vašu dobrotu i vaša preizrjadna kačestva u samoći uvažavao i njima se divio. Danas je prilika objaviti vam: da su mene prelesti vaše preumilno obuzele, i da bi buduše sčastije moje nesnosno bilo, kad bi mi sudbina pakosno ukratila s vami dne života deliti.

KATICA *(uzdahne)*.

MIŠIĆ: Vi vidite, gospodična, da ja ljubov moju k vami dosta prosto i bez upotreblenija tekstova iz romana izražavam. No s tim mislim, da što je jezik prostiji, to su čuvstva prirodnija. Od vas dakle sada očekivam, smem li zacelo želji mojoj nadeždu davati. — Vi ćutite?

KATICA: Gospodin-Mišić, ja vas kao razumnog i otmenog gospodina osobito počitujem.

MIŠIĆ: Meni je ovo dosta. Ja znam da najvećim prepjatstvijama ovde od vašeg gospodina oca nadati se imam. No, poznato je, da se tek takva ljubov kao znatna počituje i u tri časti romana izdaje, gde je brakosočetanije na kakav god način pripećeno bilo. Što je više ovakovih prečaga, vi znate, to je prijatniji roman. No, dosta ovoga. Evo vam gospođe mamice.

## VIII

### PREĐAŠNJI, JUCA

JUCA: Šta mislite, šta je moj starac učinio?

KATICA: Žalosna, da nije samo štete!

JUCA *(Mišiću)*: Ima li ovaj pasoš svoju važnost?

MIŠIĆ: Ovaj nema svoga pečata, ne može dakle ni dostovernosti imati.

JUCA: E, sad, gledajte, na što ga njegova tvrdoća navodi! Iz prevelike štednje običaj ima svaki pečat s pisma, koje dobiva, skidati, i nanovo u šipku pretvarati, da vosak ne kupuje. To je dakle i juče radio. Sad, kako je do toga došao, da i s pasoša pečat skine, ili je, može biti, njegov gluvi sluga to učinio, ne znam. Dosta je to, što je pre negde, spremajući se na put, koji do nekoliko dana preduzeti mora, pasoš izvadio, i sad ga bez pečata nalazim.

MIŠIĆ *(razgleda pasoš)*: He, he, he! To je jamačno sluga učinio, videći grdno veliki pečat ovde i hoteći svome gospodaru u štednju priteći. He, he, he! Šipka voska može se za petnaest krajcara dobiti, a za ovakovi pasoš mora platiti forintu.

JUCA: I što je sveće potrošio za to, i što je jedanput, s takvim voskom pismo, naravno, slabo zapečativši, vekslu jednu izgubio! Ja vam kažem, gospodine: kad bih htela pripovedati sve njegove budalaste poslove, mogla bi se čitava knjiga napisati.

## IX

### JANJA s kesom u ruci utrči, BIVŠI

JANJA: Kaimeno, kaimeno! Zaboga i poboga, propao sum!
KATICA: Zaboga, šta je ovo?
JANJA: Pustaljije, pustaljije!
JUCA: Gde?
JANJA: Pobegli su. Gospodin notarius, mi pomozite! Oćim da pođinim.
MIŠIĆ: Ali šta se to dogodilo usred podne?
JANJA: Ukrali mi novci.
MIŠIĆ: Ko, ko?
JANJA: Pustaljije!
MIŠIĆ: Ja vas ne razumem.
JANJA: Evo, došli obešenjake Čivuti, da menja novci. Imao sum dve-tri dukate, kao siromah čovek. Kako, tako: promenio sum. E sad dođi drugi. Oći cvanciki, što ima mati božja. Ajde, da im dam. Pet krajcari na jedno parče, lepu profit! Donesim ova kesa, da izbira. On

bira, ja gledim; oni bira, ja gledim. Vidim da sve jedi kartalcetli iz džepu. E, mislim, boli ga srcu. Kad plati i otidi, broim moja kesa: nema dvadeset forinta strebru!

MIŠIĆ: E, gledaj ti sad! Da ne budete pogrešili pređe, kad ste kesu brojali?

JANJA: Nije, gospodin notarius: dve stotine forinta strebro, broio sum deset put. Nego sum nestreća. Oćim da propadnim. Huj, gospodin notarius, zašto nećete da tražite pustaljije? Da vam dam... To je vašu dužnost!

MIŠIĆ: Ja ne mogu verovati da su vas mogli tako prevariti. Ta vi ste Grk!

JANJA: Grk? Gospodin notarius, to je bio Čivut! — Kirije imon, Rošildovu obligaciju! Nestrećnu Janju, kaimeno! *(Otrči.)*

MIŠIĆ: Ovo opet štogod znači.

JUCA: Evo mu poslovi!

MIŠIĆ: Tu bi trebalo pomoći. *(Poklonivši se pođe.)*

# DEJSTVO TREĆE

## I

## JANJA (sam)

JANJA *(hoda po sobi)*: Janja, Janja! U nestrećna si si planeta rodio. Janja, oćiš da propadniš kao Velizarios, što piše grečesko mudrost. Šupu ti palo: ubila ti skupi konji! Kukuriz si pokvario: toliki novci koštui! Čivutin ukrali dvadeset forinti strebro i Rošildova obligacija od Kir-Dima od hiljada forinta strebro. To i šteta, što ne si moži da plati. Što ćiš sad? Da budiš siromah iros pod tvojom starostom, kao što kaži mudro grečesko slovo, da budiš siromah Janja. Da čekaš krajcara i ne dobiiš, i da umriš od glada. Dođi Kir-Dimu, išti svoja obligacija: što ćiš da mu daš? Da ti baci u procesu. Da izgubiš tvoja kuća! Oho, oho! Stani, Janja. To je zlo, veliko zlo. Već si padnio u voda. Ruka čini: tapa, tapa; voda čini: upa, upa — teći si se udavio, teći propadnio. Nega da si ubiiš. Kako si ubiim? Da napunim puška. Pu! Ubio si Janja. Ajde da go vizitiramo. Oho! To nije dobra plan. Da kupim štranga — oskudnu vremenu. Doksa si o Teos, znam, što da radim. Da ukradim od Juca malo saračiku, što pravi belila, pa da si otruim. To ne koštui ništa, i ne pravi larma. Tako da umrim, da propadnim, kad nemam život! — Zbogom, zeleno svet, sad si mi gorko! Oh, neći Janju više da ti vidi! Zbogom, moja špekulacija! Oći Janju da si pođini. Oh, tamo da umrim. *(Pokazuje sanduk)*: Da jošte vidim moi srci! *(Otvori sanduk)*: Moje lepe žute dukate, moje bele talire, zbogom! Oći Janju da vas ostavi, da ne idite na proces. Ama oći da umri sos vas, sos moju srcu. *(Zatvori sanduk):* Sad da sakriim ključ, da niko ne uzmi moji lepi novci. *(Čuje se lupa na vrata.)*

JANJA: Ko i to?

JUCA *(iza scene)*: Otvorite.

JANJA: Što ćiš?

JUCA: Otvorite, imam da vam štogod kažem.

JANJA: Ne mogu, imam poso. (Friško da si otruim, dok nije provalila vrata, škilji!)

JUCA: Bre, otvorite! Isteklo nam toliko sirće.

JANJA: Kaimeno! *(Otvori brzo vrata.)*

## II

### JUCA, BIVŠI

JANJA: Ko je isteko sirćetu?

JUCA: Čiča Pera kako je zavrnuo slavinu, ne znam. Dosta da je otišlo po akova.

JANJA: Di i Petru? Di i hidru paklenu? Di i kerveros kod Plutu? Di i, da go taki truim?

JUCA: Eno se tamo zabunio. Ali badava: suv pesak sve popio.

JANJA: Oh, grom, di si, da ga ubiš! *(Otrči.)*

JUCA: Dobro nam je pošao napredak! Ako ovako ustraje, taman ću do šešira doći.

## III

### JANJA, vuče PETRA za uvo, JUCA

JANJA: Ovamo, kakademone, ovamo, nečisto duh, rod sos furia! Ko i diro sirćetu?

PETAR: Ta šta me vučete za uvo? Nisam skot!

JANJA: Ko j' isteko sirćetu, prokletu pas?
PETAR: Ta mahnite me! Jesam li vam govorio stotinu redi: „Gospodaru, kupite drugu slavinu! Ova se sasvim ojela, biće štete." — „Nemam novci, sinko." Evo sad je bolje.
JANJA: Još mi si posmejava, prokleto nečisto demon! Oći da mi sekira. Nečisto duh, znaiš, da ti sad isečim u moja furia!
JUCA: Ali, zaboga, dokle ćete ga držati, da vam toliku štetu pravi? Nije li vam se kukuruz zbog njega pokvario? Niste li stotinu druge štete zbog njega imali?
JANJA: Ama mu pravim račun.
JUCA: Šta vam je hasna od računa, kad ne možete da se naplatite?
JANJA: Pravo kažiš, dušo Juco! Da oteram ugursuz, što mi pravi šteta. Čuiš, nevaljalo duh, nisi viši moi slugu!
PETAR: A?
JANJA: Djavol ti uzio, nećiš više da mi baciš žeravica u moju srcu! *(Donese jedan veliki protokol):* Evo tefteru: „Osamnaesti juli pogodi Petru Jovanov sluga za godina po trideset forinta." Je li tako, ugursuz?
PETAR: Šta veliš?
JANJA: Kerveros, pošto si pogođen za godina?
PETAR: Ja ne znam ni sâm, zašto nisam još nikada novce primio.
JANJA: Kerveros, ja to tefterija! Tu je svu račun. *(Viče):* Trideset forinta.
PETAR: Hajde nek bude trideset.
JANJA: Primio si jedanput pet grošiki: deka pendi krajcarija; drugi put osam grošiki: ikusi tesera; jedanput po forinta: trijanda. Jedanput eksi krajcarija; jedanput šest grošiki: deka okto krajcarija. Okto će eksi: deka tesera; će tesera: deka okto; će pendi: ikusi trija. Dio, će ena: trija; će trija: eksi; će dio: okto; inja: ena fijurinija će trijanda trija krajcarija. Edna forinta i trideset i tri krajcara. E li tako?
PETAR: Šta?

JANJA: Primio si edna forinta i trideset i tri krajcara.
PETAR: Hajde dobro.
JANJA: Sad, razbio si dve tanjire: dva forinta.
PETAR: Jä!
JANJA: Kad si teo da si udavi Miška, oceko si ularu i načinio šteta edna forinta i trideset krajcara.
PETAR: A?
JANJA: Za Mišku ular: forinta trideset krajcara.
PETAR: Gospodaru, šta ti govoriš?
JANJA: Što mi praviš šteta? Što ne drešiš lepo, kao pošten čovek? — Izio si edna kobasica: trideset krajcara. — Kad si tela da si pali šupu, uzio si šafoljica sos mleka, i ugasio vatra: dva forinta trideset krajcara. Sos voda si gasi vatra! — Kad si bio u vinograd sos nadničar, izgubilo si jednu sikiru: trideset krajcara. Kad si nosio putunja, puko kajšu, i prosulo si toliku kljuk: pet forinta. — Slomio si točku na kolu: opet pet forinta. — Sad si mi proso sirkjetu, tri akov po deset forinta: trideset forinta. U suma: dio, deka efta: saranda epta; će ena trijanda trija krajcarija: saranda okto će trijanda trija krajcarija. Jošte si mi dužan ti mene osumnaest forinta, trideset i tri krajcara. Razumiš?
PETAR: Šta veliš?
JANJA: Ti si meni dužan osumnaest forinta četirideset četiri krajcare.
PETAR: Dobro, odbi mi od plaće.
JANJA: Djavolsko duh, preko plaća! Kako ćiš da mi platiš?
PETAR: Gospodaru, ja te služim verno evo ima jedanaest godina, pa sad da sam ti još dužan? To je sasvim čivutski!
JANJA: Ha, Čivut, Čivut! Ti si poslo Čivut, da mi kradi novci i Rošildova obligacija i š nima deliš. Pustaljijo, daj moi novci!
PETAR: Šta veliš?
JANJA: Si čini gluvo! Novci daj, kad kažim lepo!

PETAR: Pa plati mi, de, kako znaš! Ja sam zadovoljan.

JANJA: O čekaj, ugursuz! Idim da ti dam na magistratu. Da ti obesi, znaiš?

PETAR: Dobro, dobro. Bar da znam, kod koga sam služio!

JANJA: Oćiš da mi vučiš štrikla? Čekaj! Dušo Juco, idim na magistrat, da go dam, da go veša. Nega da go čuvaš, da ne pobegni. Razumiš? *(Otide.)*

PETAR: Boga ti, gospođa, šta misli ovaj moj gospodar?

JUCA: A Bog bi ga znao.

PETAR: Ta da ga je pseto toliko godina služilo, pa opet bi trebalo drugojače da postupa. Ali ništa! Ja vidim moje dobro jutro. Nego daj mi bar da jedem štogod.

JUCA: Pravo kažeš. Da popijem i ja kafu, dok se nije vratio. *(Odu.)*

## IV

### MIŠIĆ

MIŠIĆ *(stupi)*: E, Kir-Janja, sad sam te uhvatio! Sad ćemo videti hoće li se moja želja ispuniti, ili ne. Prokleti Grk, kako je tvrd! Pre bi, čini mi se, dušu ispustiti voleo, nego i jednu krajcaru izdati. No dobar je moj genije. Ili ću ja dostići što želim, ili će se Janja drugojače okretati!

## V

### BIVŠI, JANJA naglo stupi, za njim KATICA

JANJA: Ej nestrećnu Janja, ej nestrećnu Janja!

KATICA: Ali zaboga šta se dogodilo?

JANJA: Mi ubio Bog!

MIŠIĆ: Šta je, Kir-Janja?

JANJA: Nestreću, nestreću! — Menjo sum dukate i dobio fališni banki. *(Lupa se po čelu):* Uh, uh, uh!

MIŠIĆ: Kir-Janja, meni je žao, da vas moram obespokojavati. No vi znate da sam ja u službi. Ja sam zato od magistrata i poslat, da vas u varošku kuću vodim.

JANJA: Svako i šala prokleto, di i čovek u nestreća. O talas Janja, o talas Janja!

MIŠIĆ: Mislite vi, da ja šalu provodim? Tu se vi varate.

JANJA: Šta ćete vi, gospodin notarius, sos mene?

MIŠIĆ: Zapovest je: da morate sa mnom ići.

JANJA: Zašto? Ja sum čovek pošten. — O moje lepe dukate, o moje lepe dukate!

MIŠIĆ: Da ste vi pošten, o tom nema sumnje. No, vidite, kod vas se našle fališne banke. Vi morate odgovarati.

JANJA: O tihi, o keros! Ama ja go nisum pravio, de. Ja sum čovek prost.

MIŠIĆ: To ne ide u račun.

JANJA: Treba da mi magistratu još plati šteta črez tako ugursuzu.

MIŠIĆ: To možete u sudu kazati.

JANJA: Pa sad što ćite vi sos mene?

MIŠIĆ: Da idete u varošku kuću.

JANJA: U varoška kuća? Pa što ći posle da bude?

MIŠIĆ: Ako se dokaže da su banke zaista fališne, izgubićete sve dobro, i možete doći na robiju.

JANJA: Vas molim, gospodin notarius, ostavite mi, da držim nenija na moi dukati. Ne mi plašite pod moju nestreću zabađava!

MIŠIĆ: Mislite li vi da je moje namerenije vas samo plašiti? Ni najmanje. Gledajte samo ko je na vrati.

JANJA *(otvori vrata, pa se strese)*: U, dva panduru! Gospodin notarius, to i lepo, to i trgovaški: da mi terate sos pandura pod moju starostu?

MIŠIĆ: Vi ćete sa mnom ići, a oni za nama.

JANJA: Ama ja nisum nigda bio u magistrat.

MIŠIĆ: Verujem, i vrlo mi je žao, da se tako dogodilo.

JANJA: Znaite šta, gospodin notarius: da kažite da nisam kući, i da prođi ta stvar bez mene.

MIŠIĆ: To je protiv moga zvanija. Ja to učiniti ne mogu.

JANJA: Ajde: bolesnu sum imam kolika.

MIŠIĆ: Bolest u ovakovim slučajevima ne ekskuzira.

JANJA *(uzme ga na stranu)*: Oćite da mi pustite, da dobiete jedna lepa jabuka od mene?

MIŠIĆ: Ne smem, Kir-Janja.

JANJA: Da vam dam pet forinta.

MIŠIĆ: Ostavite se vi toga.

JANJA: Evo, da si ubiim: da vam dam jedan dukat.

MIŠIĆ: Ne mogu ja to činiti.

JANJA: Gospodin notarius, ja sum nemeš!

MIŠIĆ: Ovo je stvar kriminalna.

JANJA: Ja sum kurijanemeš! Kako vi smete da dođite u nemeška kuća? Znaite, da vas ne poštuim: da uzmim sablja, da vas sečim kako šafran.

MIŠIĆ: I ja, kad vas ne bih kao poznatog Kir-Janju uvažavao, mogao bih vas u gvožđe smesta okovati.

JANJA: Kirije imon! Gospodin notarius, kakvo je to slovo?

MIŠIĆ: Dragi Kir-Janja, vi znate šta je car i carska zapovest. Ko protiv cara ide, može li se nadati milosti?

JANJA: O is to onoma tu patros! Kukavna Janjo, što ćiš da postradaš! Gospodin notarius, ima li kakvo pomoć za mene?

MIŠIĆ: Nikakve.

JANJA: Ama, molim si, gospodar notarius, imajte elejmosini! Pomozite mi, siromah čoveka!

MIŠIĆ: Ovde je sve badava.

JANJA: Gospodin notarius, evo ovde imam saračiku! Pustite da si otruim.

KATICA: Zaboga!

MIŠIĆ: To nije slobodno! Znate, kad je ko zatvoren, svako mu se sredstvo iz ruke uzima, s kojim bi sebi život mogao uzeti.

JANJA: O, talas Janja, što ćiš da postradaš kako Diogen u Korint! Gospodin notarius, nemojte da mi ubite moja špekulacija. Ja sum čoveku trgovac.

MIŠIĆ: Hajdete, Kir-Janja. Prolazi vreme.

JANJA *(klekne)*: Tako vam vašu dobru duhu, gospodin notarius, nemojte da mi ubite! Ja sum čoveku star!

KATICA: Ali, gospodin-Mišić!

JANJA: Katico, moli gospodin notariusa. On ti milui. Moli go da mi oprosti!

KATICA: Ta, zaboga, on nije pravio banke!

JANJA: Nisum, tako mi moja trgovina. Da bog dâ da ne profitiram nigdi, ako znaim da pravim banku.

KATICA: Gledajte, pomozite mom papi!

JANJA: Pomozite, gospodin notarius! Ta ja sum vaš čoveku. Vi se mlogo puta sos moja Juca razgovarate.

MIŠIĆ: Vidite kako je to zlo, kad nemate svoga kod magistrata.

JANJA: Ta vi ste moj, gospodin notarius! Vi ste kazali da miluite moja Katica.

MIŠIĆ: Ja i sad to kažem.

JANJA: Evo, uzmite ga.

MIŠIĆ *(pogleda na Katicu)*: Ja vam za to osobito blagodarim. No treba najpre i gospodičnu zapitati.

JANJA: Oći ona! Ja znaim. Ona mene sluša. E li, Katico, ti mene slušaš? Ovo je dobru prilika. Gospodin notarius je čoveku pametno, učeno. Zna elinska historija.

MIŠIĆ: A, drugo, vi i to znate, kako je sad običaj u svetu.

JANJA: Oći novci! Nemam, gospodin notarius. Propao sum. Izio sum sve sos prokleta nestreća.

MIŠIĆ: Kad nema, šta ćemo i mi? Da umremo od gladi? Hajdete, Kir-Janja, u varošku kuću.

JANJA: O, talas ego! Ajde da vam dam ove fališne banke za mirazu.

MIŠIĆ: Da ja odgovaram?

JANJA: Ama, vi ste čoveku učenu. *(Izvadi banke, pa mu trpa u džep):* Uzmite, gospodin notarius. Ja vam poklonim sos moja Katica. Ima pet hiljada tri stotina forinta.

MIŠIĆ: To su fališne banke, Kir-Janja.

JANJA: Ama vam poklonim, de! Ne ištim da mi vratite. Da vam dam i Rošildova obligacija od Kir-Dimu, od hiljadu forinta strebro.

MIŠIĆ: Gde je?

JANJA: Ona, što su mi ukrali prokleti Čivuti.

MIŠIĆ: Šta ću s njome?

JANJA: Kad si nađi. Uzmite, gospodin notarius. Vi ste jedno pametno muž. Katico, odi ovamo. Evo da budete streća. *(Blagosilja ih):* Katicu je moja dobar devojka. Vidite, ona ćuti: ona oći. Evo da vam dam evlogimenon. Da budi svadba u nedelja.

MIŠIĆ: Više iz ljubovi k vašoj gospodični kćeri primam njenu ruku.

JANJA: E kala, kala! Samo da ne idimo u magistratu.

MIŠIĆ: Nećemo ići. No poklanjate li vi nama ove banke i obligaciju jamačno?

JANJA: U, gospodin notarius, skupo vreme!

MIŠIĆ: Ja mogu vašu gospodičnu kćer i ne uzeti.

KOMEDIJE

JANJA: E, kad sum kazao, kazao! Da i prosto! Ja sum gospodar od moje slovo. Samo da ne idim u prokleto magistrat. Propao sum. Ajde neka idi sve. Ja vidim da je moju planetu od gar. Gospodin notarius, vi ste moju zet!

MIŠIĆ: Jesam, i dopustite mi da s vami drukčije malo progovorim. Oni Čivuti, što su vas poharali, uhvaćeni su.

JANJA: Što? A di su novci?

MIŠIĆ: Kod mene. Ja sam taki poslao momke u poteru, koji su srećno, kako dukate, tako i Rošildov papir, našli.

JANJA: Gospodin notarius, to su moji dukati.

MIŠIĆ: Vi ste ih meni poklonili.

JANJA: O, Teos filaksi! Ja sum vama banki poklonio.

MIŠIĆ: Bez kojih se ne mogu dukati povratiti.

JANJA: Oćite da mi otmite sa sila?

MIŠIĆ: Što jedan poklanja, drugi, koji prima, ne otima.

JANJA: Znaite što, gospodin notarius? Ta mi smo rod: ajde da delimo.

MIŠIĆ: Bože sohrani! Vi ste ih meni jedanput poklonili. Ja moje pravo ne dam.

JANJA: Ama oću da podignim na vas procesu.

MIŠIĆ: Što vam drago. Mene neće proces ništa stati.

JANJA *(dugo ga gleda)*: Gospodin notarius! Usred moja nevolja imam ćef, da pišim jedna historija.

MIŠIĆ: Kakvu istoriju?

JANJA: Kako je srpsko glava prevarila grečesko mudrost.

## VI

## JUCA, BIVŠI

JUCA: Znate, šta je novo na sokaku? Kir-Dima bankrotirao.

JANJA: Što, more, što?
JUCA: Eno zapečatili mu dućan.
JANJA: Kirije imon! Deset hiljada forinta!
MIŠIĆ: Šta?
JANJA: Kaimeno, propadnili mi! E, Janja, sin od Tantalos, sad si sasvim pođinio!
MIŠIĆ: Ali kako ste mu mogli, zaboga, tolike novce poveriti?
JANJA: Kako da mu ne daim? Trija per mezo! Evo gu anatematos!

## VII

## KIR-DIMA, BIVŠI

JANJA: Ogligora, ogligora, pu ine ta aspra?
DIMA *(trese glavom)*: Kaka isterna!
JANJA: Ama, is to onoma tu Teu, aspra, bre, aspra!
DIMA: Den ine.
JANJA: O kuga, di si, da prođiš kroz moju uvu, i iziđeš kroz njegova usta. Deset hiljada forinta, bre!
DIMA *(maja rukom)*: Epajsun. Znaiš što, Kir-Janja? Da ti rečim na srpsko jednu slovo. Sum došuo, da mi daiš Katica. Nega da mi daiš i aspri.
JANJA: Da ti daim kugu, da si daviš; da ti daim sablja, da si koliš; da ti daim saračiku, da si truiš. Anatemate! Oh, moj lepi deset hiljada! Oh, moj beli deset hiljada!
MIŠIĆ: Vidite, lepo kaže srpska poslovica: „Skup više plaća." Da niste žalili za štalu, ne bi vam konji propali; da se niste na interes polakomili, ne bi tolike novce izgubili. Skupoća vam je više štete nego hasne pričinila.
JANJA: Kir-Janja, imaš uvo da čuiš? Kir-Janja, imaš pamet da razumiš? Prokleto svaka špekulacija sos mlogo interes i malo kapital!

Uu! *(Strese se):* Deset hiljada! Uh, uh, uh! Oći da mi uvati šlogu. — Pravo ima! Nek mi uvati za oko, da ne vidim moja nestreća na ovum svetom, da ne vidim ona kuga *(pokazuje na Dimu):* što mi izio moje lepe novce! Ahara, Kir-Janja, ahara; ne ahara, nega ahamna!

# Pokondirena tikva

*(veselo pozorište u tri dejstva)*

Prečestnjejšem Gospodinu
SAMUILU MAŠIREVIČU,
arhimandritu S. Georgievskom,
svom predragom prijatelju posvećeno

Kad bi moja knjiga bila
Ljupka, kano lice tvoje,
I svu skromnost u se vlila,
Koja krasi nravi tvoje.

Kad bi moja knjiga bila
Čista, kano srce tvoje,
Kad bi sladost pribavila,
Koju nose reči tvoje;

Jamačno bi ista važnost
Čitatelja nju dostigla,
Koju dela tvoja sjajnost
Jest pred svetom sebi digla.

Što mom slogu nedostaje,
Nek popuni tvoje ime,
Često krin i čačku daje
Cenu, kad se druži s njime.

# Predslovije

Šta su ovi naši spisatelji naumili? (Čuje se glas u društvu, gde se karte dele, ili čaše cede, ili se uz muziku igra.) Ne dadu nam ni danuti, nego knjigu za knjigom. Kakvo je opet ovo čudo: *Pokondirena tikva*! — *Pokondirena tikva*, gospodo moja, jest takozvano veselo pozorište, koje sam ja dole nižajše potpisani sočiniti ščastije imao za vašu, ako soizvolite čitati, kako polzu, tako i zabavu. — „Zabavu? Ha, ha, ha! — To će biti unterhaltung? Hi, hi hi!" — Ja znam, moja visokopočitajema gospože, da bih pet puti više prenumeranata imao, da sam objavlenije na kakav vseopšti bal izdao, nego na *Pokondirenu tikvu*, ali što ću: kad me je stroga sudbina na knjigopisanje opredelila. — „Gospodin spisatelj, nemojte vi biti tako oštrljatonosati, zašto ako vas počnemo mi, *salva venia*, žene kritizirati, nećete se znati ni vi, ni vaša knjiga; jer mi ako i na bal odlazimo, opet zato pamet ne gubimo." — S oproštenjem, gospože, moje namerenije nije bilo vređati, jer ja sam naučio razliku praviti između crnog i belog; ali opet mi zato, gospože, zameriti ne možete što velim da je uvek bolje čitati kakvu poleznu knjigu, nego na bal ići; jer se na bal mnogo protivu sastava tela čini; tamo se preko mere igra i skače; ne spava se po celu noć, bogzna šta se još dogoditi može, koje neugodnosti čoveka pri čitanju kakove knjige otnjud napasti ne mogu. — „Gospodin ferfaser! — Na službi frajlice. — Jednu reč na uvo: Ali um Gottes willen, g. ferfaser, šta su vam devojke i žene skrivile, te toliko na njih atakirate? Tako ste nas u pređašnjem vašem delu napali s Jelicom, a sad nam opet

Femu predstavljate. Ko vas je postavio arendatorom? Vi znate kako je i vama, kad vam ko vaša suvoparna sočinenija kritizira. A što na modu vičete, sami se izdajete, da vam je plitak mozak, jer kad bi se i vi sad onako obukli, kao što se vaš ded nosio, šta mislite, da li bi vam se i vrapci smejali?" — Moja lepa frajlice, žao mi je, što ste mene radi ta vaša mala ustanca zaoštrili. Ja na modu nimalo ne vičem, nego na zloupotreblenije, na preterivanje, ili kako vi zovete „uibertreibung". To je, frajlice, ono što se iskorenjivati mora, i što ja oporočavam, a ne moda. Što se pak Jelice i Feme tiče, i tu mi zameriti ne možete, jer ja činim moju dužnost. Vidite, frajlice, ja dođem na primer k vami na posješčenije, vi mi taki počnete uši nabijati kako vas je šnajder prevario, nije vam načinio haljinu po poslednjem žurnalu. Kako se onaj i onaj grubo pokazao, u komplimentu dva prsta falio od mere; kako je neka drugarica na balu nameštala lokne, u igri izgubila takt, i ovakove stvari tisućama. Na ovakav razgovor šta znam drugo raditi, nego smejati se, a smejati se bez vas, bilo bi od mene grubijanstvo; moram i vas, kao što vi zovete, unterhaltovati, i tako unterhaltujući vas i prepovedajući, što sam kojegde čuo, i video, izilazi *Pokondirena tikva*. Je li tako, gospodična?

U Vršcu, 1830.

Vaš sluga, Sočinitelj.

# Dodatak

Delo ovo, kao što se gore vidi, sočinjeno je bilo godine 1830, taki posle *Laže i Paralaže*; no iz toga najviše uzroka nije se na svet izdati moglo, što je Ružičić takovu rolu igrao, koja bi gdekom zazorna biti mogla. Da bi pak delo ovo — kakvo je takvo je — u mraku ne ležalo, preduzeo je sočinitelj Ružičiću neviniju rolu dati, i to u vreme, kad je nečajnom žalošću opterećeni duh svoj s tim razgaliti mislio. Da li nakalameni Ružičića karakter svom teženju odgovara, ne znam; to znam, da ne bi pozorište ovo bez dejstva ostalo, kad bi mogućno bilo prvobitnu mu rolu zadržati. Najposle, da ne pomisli ko, da mi je scena, koja se u *Rodoljupcu* od g. Čokrljana izdatom pečatana nahodi, ko izmeni ovaj povod dala, jer je i ona iz moga pera proistekla.

U Vršcu, meseca septemvrija 1837.

J. S. P.

LICA:

FEMA, bogata udovica
EVICA, njena kći
MITAR, Femin brat
ANČICA, služavka
JOVAN, šegrt
SARA, čankoliza kod Feme
SVETOZAR RUŽIČIĆ
VASILIJE

# DEJSTVO PRVO

## I

## FEMA, EVICA

FEMA: Jedanput zasvagda, ja neću da si mi takva, kao što si dosada bila. Kakve su ti te ruke, kakav ti je obraz ispucan i izgrđen, kanda si od najgore paorske familije. Opet ti kažem, devojko, ja hoću nobles u mojoj kući.

EVICA: Ali zaboga, majko, nije li me i pokojni otac učio da nije sramota raditi.

FEMA: Šta tvoj otac, on je bio, da ti kažem, prostak, nije razumevao ni šta je špancir, ni šta je žurnal. Zato je Bog stvorio pedintere, da oni rade, a mi da držimo u jednoj ruci zvonce, a u drugoj lepezu.

EVICA: Ja sam i kod uje radila.

FEMA: Tvoj uja — jes' čula, kako te nije sramota tako što govoriti! Kakav uja? Nemaš ti nikakvog od roda čizmara.

EVICA: Zar on nije vaš brat?

FEMA: Devojko, ti valjda nisi sasvim izgubila mozak. Ni toliko ne možeš da rasudiš, da on moj brat biti ne može. Ko je još video, da ja ovako u belo obučena pođem s njime izdrtim i jadnim; crne mu se ruke, nikakva rezona ne zna — vidiš, i sama se od njega gadiš.

EVICA: Nije tako, majko.

FEMA: Kakva majka, valjda mi nije sedamdeset leta. Zar ti nisi čula, da kćeri kažu svojoj materi mamica?

EVICA: Ali kad sam se tako naučila.

FEMA: To te je naučio taj tvoj uja i drugi njemu podobni; no ja tebi kažem, devojko, uči se po modi govoriti, ako misliš da ostaneš moja kći.

EVICA: Meni je uja...

FEMA: Opet ona uja? Jesam li ti kazala jedanput, da on nama ne može biti rod? Šta ćeš kod njega, da mu pereš sudove? Pogledaj kakve su ti ruke, kukavico, kanda si najgora paorentina. — Neka najmi sluškinje, ako je rad imati posluge, a ne da mu ti dirindžiš.

EVICA: On me nigda nije terao raditi, ali ja sama imam volju.

FEMA: Eto ti, isti otac! Tako je i on imao to ludilo u glavi, da radi, pa da radi. Niti mari kakve se haljine nose, niti kako se gospoda unterondluju. Idi, kukavico, na ogledalo, pogledaj se kakva si, stojiš kao stupa, bez midera i neutegnuta.

EVICA: Ja ne mogu mider da trpim, kad se zaptijem u njemu.

FEMA: Takva drnda i ne može, nego koje su dobro vospitane. *(Zateže se):* Ja mogu, vidiš, a tebi je teško.

EVICA: Kad se stegnem, moram da stojim kao ukopčana, ne mogu da se sagnem, niti što da prihvatim.

FEMA: I ne treba, zato ti stoje dva pedintera za leđi, neka oni rade.

EVICA: A zašto mi je Bog dao ruke?

FEMA. Vidiš da si mućurla: da se beliš, da se kitiš, da češalj nameštaš kako ti je volja, zato je Bog noblesima ruke dao, a ne da vuku plug. *(Duva u prste):* Ne znam, ne znam, kako ću te vospitati, francuski ne znaš, ne znaš praviti koplamente, a kolika si; sad te moram od azbuke reparirati.

EVICA: O, majko, sad je dockan.

FEMA: Ja znam, ali ko bi smeo spomenuti dok ti je otac bio živ? On drugo nije znao, nego da teče, da sedi kod kuće, kao baba, ne mareći ni šta je to puket, ni šta je koket. Evo, novaca je ostavio dosta; ali šta to pomaže, kad je ostavio posle sebe kravu. Bog zna, šta bi od mene bilo, da nisam od nature na gospodstvo stvorena. No još nije dockan, moja lepa Evicken, samo se ti na mene ugledaj, pa se možeš još koliko-toliko popraviti.

EVICA: (Ah, Bože, šta će još od mene biti?)

## II

### VASILIJE, PREĐAŠNJE

VASILIJE: Dobro jutro želim, majstorice.

FEMA: Kakva je ovo svinja? *(Čepeći se):* Dragi moj, gde si ti taj epiket naučio, da u sobu noblesa uđeš bez kucanja, bez koplamenta? Znaš li ti, da mogu taki na pedintere povikati, da te čak na sokak isteraju?

VASILIJE: Ja ne znam šta vi govorite, majstorice.

FEMA: Riftik, riftik, on neku majstoricu traži.

VASILIJE: Šta je to? Evice, šta je tvojoj materi?

FEMA: Dragi moj, ovo nije Evica, ovo je frajla mamzel. Kod noblesa se ne govori ti, nego milostiva gospođa.

VASILIJE: Zaboga, gde sam ja?

FEMA: Ti si kuću pomeo, dragi moj. Ti si može biti tražio proste ljude, pa si došao kod noblesa.

VASILIJE: Ta ja nisam lud, koliko sam puta dolazio, dok je još i pokojni majstor živeo.

FEMA: Riftik, opominjem se, kad je hteo za pedintera stati.

VASILIJE: Kakav pedinter, kad ste mi obećali Evicu?

FEMA: Šta, mamzel tebi obećala? To je gurbijanstvo. Jokan, Jokan, kumte pisli her, virfte gurbijana hinauz.

VASILIJE: Ta nemojte se šaliti, majstorice, nego ja sam došao da pitam kakve ćemo haljine za Evicu.

FEMA *(podboči se)*: Molim te, kaži mi, s kim misliš ti da govoriš?

VASILIJE. Zar vi niste Fema, pokojnog majstor-Pere opančara žena?

FEMA: Ja opančarova žena, u ovi haljina opančarica? Ah, same daske moraju od žalosti plakati!

VASILIJE: Ali zaboga, koliko ste me puta nazvali vašim zetom?

FEMA: Ti moj zet, s ovim izdrtim laktovima? Sad će me smesta groznica uhvatiti.

VASILIJE: Ali zaboga, majstorice...

FEMA: Ta trista te vraga odnelo, nisam ti ja nikakva majstorica. — Taki mi se vuci ispred očiju, nemoj mi smraditi sobu s tvojim haljinama.

VASILIJE: Slatka majstorice...

FEMA *(uhvati ga za ruku)*: Marš iz moje kuće, traži majstorice kod tvoga oca, a ne kod noblesa. Uh! *(Najedanput ga pusti)*: Uh, usmradila sam ruku! *(Duva u ruku, pa je posle briše maramom)*: Sad je moram tri dana prati, dok je opet u nobles dovedem.

VASILIJE: Majstorice, to nije lepo od vas.

FEMA *(poleti na njega, pa se opet trgne)*: Vuci se, kad ti kažem, iz moje kuće, ili ću taki pandure dozvati.

VASILIJE: Nisam se nadao, da ćete me s panduri terati.

FEMA: S panduri, dakako, s panduri se teraju oni, koji čest noblesa diraju. *(Evici):* Šta si stala, te ga ne turaš iz sobe.

EVICA: Ali slatka majko, ovo je naš Vasa.

FEMA: Naš Vasa, paorska trago! Hoćeš da se ljubiš s njime? *(Vasiliju):* Napolje se vuci!

VASILIJE: Zaboga, majstorice, imate li duše?

FEMA *(pođe, pa se trgne)*: Uh, što ne smem da mu se približim, da ga sama isteram. Ali čekaj bezobraznik! *(Uzme lepezu, pa ga počne s njome turati):* Napolje iz moje kuće!

VASILIJE: Slatka majstorice, samo još jednu reč.

FEMA: Kest mašir, marš! *(Istura ga):* Bezobraznik jedan, opoganio mi lepezu. Sad je moram pokloniti Ančici.

EVICA: Ah!

FEMA: A šta ti tu uzdišeš? Paorentino, povela si se za kojekim, pa i ne gledaš, šta je nobl. Na mene gledaj, ako misliš da štogod bude od tebe, a ne na kojekakvo đubre.

### III

### SARA, PREĐAŠNJE

SARA: Službenica, službenica, kako ste? Aa, tu i frajlica, drago mi je, drago mi je, hibšes ksihtl! Lepe očice, glatki obrazi, smeđa kosa, hipš, hipš! Vi kec, frajlice, vi kec?

EVICA: Oprostite, ja nisam kec.

SARA: Ha! Ha! Ja nemecki pitam, kako se nahodite.

FEMA: Ne zna vam ta ništa, nevospitana je kao krava.

SARA: Aa, ništa, ništa, dosta su vospitani, još su mladi; prekrasno, prekrasno, to mi je drago. *(Pokloni se):* Juče sam bila kod gospoje Mirkovičke na ručku, to je štogod prekrasno, od svega dosta, ali sarmu što je imala, nisam jela skoro, pa srneći čerek i štrudla, to je štogod komi fo! Tokajer je tako bio krasan, ja ga nisam skoro pila; pa opet kafa, šećera suviše. Tu sam i Finesku povela, o beštija jedna, i ona se baš dobro častila, pa najposle zaspala pod astalom. Vičem ja: Fineska, Fineska, jedva sam je probudila; to vam je mops, da se ne može iskazati; volim nju, nego najbolje pečenje. Pa kako ste mi, kako ste vi ručali?

FEMA: Miko fo!

SARA: Drago mi je, bez društva to najbolje nije baš moglo biti. Društvo vam je osobito pri ručku nužno. Ono se razgovara, ono se šali, a najviše pravi apetit.

FEMA: Danas uzimam čest ajndlovati vas na ručak.

SARA: Blagodarim, blagodarim! Nemojte se samo s mnogim truditi; ja sam s najmanjim zadovoljna: malo supe i jedno parčence rindflajša.

FEMA: Miko fo!

SARA: Ali samo da je debelo; to je kuriozno, da ja sve debelo milujem, ali rindflajš osobito, samo ako je dobar sos.

FEMA: To kod mene mora uvek biti miko fo!

SARA: Drago mi je, drago mi je, to je za mene dosta. Još kad bi bilo malo sarme, to mi je ostalo u duši još od gospoje Mirkovičke, a i ajngemokc ne škodi; a pečenje, a, to daje apetit vinu. Rihtig, malo nisam zaboravila, tortu, to sam baš sama mislila mesiti; to je osobito jelo, još ako će posle konfekt doći. Kafa rastvara sve, daje dobro skuvati, osobito ženskim personama.

FEMA *(okrenuta ogledalu)*: Miko fo! — Miko fo!

SARA: A, nove lokne! Rihtig! — Po poslednjem žurnalu! Šarmant, ala boner!

FEMA: Ovo su iz Pariza, bečke ništa ne valjadu, a moj je pasion, znate, da mi je sve francuski.

SARA: Hipš, hipš! Ovo nema još nijedna kod nas, šarmant! Nek se zna koja je gospoja od Mirič.

FEMA: Kažite mi, molim vas, kako ćemo ovu moju devojčuru na nobles podići? Stoji mi kao kost u grlu.

SARA: A, mamzel, njojzi ćemo jednog lepog mladoženju naći od velike familije; un šapo, što kaže Francuz.

FEMA: Zna vam ta šta je šapov, ili kapov; ona se drži svoga paorluka, što je od oca primila, kao pijan plota.

EVICA *(iziđe napolje)*.

FEMA: Eto, vidite, sad da ne svisnem od jeda. Druga bi načinila koplament, a ona...

SARA: Ala boner! To će biti mamzel, što će se para tražiti. Verujte vi meni, madam, u Parizu neće biti takove. Imate li volju udati je?

FEMA: To je moja jedna želja; ali, znate, da mi je kakav nobles!

SARA: O ma šer, imam vam jednog mladoženju, to je mladoženja, to vam je mladoženja, u Parizu nema takovog. Slušajte samo: on je od karaktera filozof.

FEMA: Vilozov? Ah, molim vas, gledajte, nastajavajte, samo da bi se u nju zaljubio; ah, to će biti nobl! Nastajavajte, molim vas.

SARA: Tre volontije! On će nju vospitati, on će nju nobilitirati; on će je načiniti kao pamuk.

FEMA: Ah, kako će to lepo biti, kad pođem s njim u špacir, kako će svaki za mnom pogledati. *(Čepi se):* Da, da, ja ću biti na desnoj strani.

SARA: To će biti šarmant, to će biti komi fo! — A gle, moja Fineska, o beštija jedna, da se samo ne izgubi; ja je moram ići tražiti. Dakle, ja ću zacelo doći na ručak, nemojte se ni najmanje sumnjati, ja nisam nigda u tom moje grubijanstvo pokazala. Ostala bih kod vas do podne, no izvinite me, moja Fineska — to vam je mops, ni francuski kralj nema takovog. — Službenica, službenica — preporučujem se.

FEMA: Službenica.

SARA *(otide).*

FEMA: To je žena, kako govori francuski, kanda joj se jezik oparizio. Kako ono reče? Aha! Komi fo! — *(Viče):* Evicken, Evice!

## IV

### EVICA, PREĐAŠNJA

EVICA: Evo me, majko!

FEMA: Opet ona majko; čuješ, devojko, nemoj me jediti! Kakva majka? Gledaj me u obrazu, mislili bi ljudi, da sam ti mlađa sestra. Uči se po modi govoriti: mamice, mamichen, ili ako ćeš sasvim francuski, mama, a nemoj doveka biti paorka, kao tvoj ujak. — Čuješ, Evice, da ti još jednu kažem. *(Uzme je za ruku):* Sad treba da se svega ostaviš; na rod da zaboraviš, i samo tvoju sreću da gledaš. Sutra će te jedan prvi vilozov prositi.

EVICA: Filozof!

FEMA: Dakako. Nego sad idi, pa se nabeli i narumeni, da bi se pređe u tebe zaljubio, razumeš li?

EVICA: A moj Vasilije?

FEMA: To je nesreća! Ja joj govorim o prvom gospodinu, a ona hoće svinjara. A, neću se ja mnogo tu s tobom rezonirati. Kaži komi fo.

EVICA: Šta je to komi fo?

FEMA: Taki kaži komi fo, ili će ti pući odmah glava.

EVICA: Komi fo.

FEMA: Ako svaki dan dvadeset redi ne čujem od tebe ovu reč, nisi moja kći. Neću ja nepotkovanu kravu da imam, nego devojku od mode.

## V

## ANČA, PREĐAŠNJE

ANČA: Majstorice!

FEMA: Kakva je ovo svinjaruša! S njom nije vredno ni razgovarati. *(Pređe k ogledalu, i počne nameštati kosu.)*

ANČA: Majstorice!

FEMA: Uh, mora čovek u nesvest da padne. *(Sedne na stolicu.)*

ANČA: Majstorice, šta ćemo za ručak?

KOMEDIJE

FEMA: Uh! *(Strese se.)*
ANČA: Majstorice!
FEMA: Ju! Zaboga! *(Treska se na stolici.)*
ANČA: Majstorice, vami je zlo.
FEMA *(đipi)*: Ta skote ženski, što si ti, ta dokle ćeš me jesti? Kakva sam ti ja majstorica, valjda ti činim opanke?
ANČA *(zagleda se u nju).*
FEMA: Dobro me gledaj, glupavko jedna, šta nalaziš majstorsko kod mene? Jesam li obučena kao firškinja?
ANČA: Pa kako hoćete da vas zovem?
FEMA: Ja da ti kažem, ti nisi služila kod noblesa?
ANČA: Oprostite, ja nisam znala šta vi zahtevate.
FEMA: Dobro, neću ni ja za vas znati. Vuci mi se ispred očiju!
ANČA: A šta ćemo za ručak?
FEMA: Kuvaj makar kremenja, kad si takva drolja!
ANČA *(u polasku)*: (Međer je moja majstorica sasvim izgubila pamet!) *(Otidne.)*
FEMA: Urediću ja drugojače moju kuću, neće se meni takav saueraj praviti. Idi mi zovi Jovana! *(Evica otide):* Prokleti paorski rod, što je naučio, naučio; ne zna osećati kako je lep nobles!

## VI

### JOVAN, PREĐAŠNJE

JOVAN *(veseo trči)*: Evo me, majstorice!
FEMA: Gledaj opet ovog! Sad da ne svisnem od jeda. *(Podboči se)*: More, imaš li ti pameti, ili nemaš? More, zar me ne vidiš kako sam obučena? Kad si još ovakovu majstoricu u tvom veku video?
JOVAN: Pa dobro, a što sam ja kriv, što me je pokojni majstor tako naučio?

FEMA: Tvoj je majstor bio, da ti kažem, magarac; ti treba da budeš pametniji.

JOVAN: Šegrt od majstora?

FEMA: Dakako, medvede! — Vidiš i ja kako sam se promenila. Da znaš, ja ti više nisam majstorica. Gospođo, frau fon, ili ma — ma — kako vragu, francuski kažu, ne mogu od ljutine da pogodim.

JOVAN: Šta ste me dakle zvali, ma — majs — gospođa, hoću da reknem.

FEMA: Tako svaki magarac radi, da ga viče milostiva gospoja po tri sata.

JOVAN: E, šta mogu ja zato, kad sam imao posla.

FEMA: Ti nemaš nikakva posla, nego da sediš tu, da slušaš zapovest.

JOVAN: A krava da crkne od gladi; zar joj ne treba dati sena?

FEMA: Kravi sena, uh! Uh *(metne maramu na nos):* ala smrdiš! Ančice, Ančice, daj malo vatre, da se okadi soba. Idi u kraj, ne mogu da trpim smrad od tebe.

JOVAN: Samo što sam dao kravi sena, a kako je bilo, kad sam spavao u štali i s vama zajedno jeo? Pa znate li, majstorice, onaj naš beli mačak?

FEMA: Ju! Mačak, ne govori mi više takve reči, hoću da padnem u nesvest.

JOVAN: Niste li ga sami vašom rukom ubili, kada je izeo kobasicu?

FEMA: Uh, uh! Dajte sirćeta pod nos, dok nisam pala u nesvest. Ančice, Ančice!

ANČA *(donese vatru i počne kaditi).*

FEMA: Ah, Ančice, kako mi je zlo, poduzima me muka. Daj malo sirćeta pod nos! *(Anča joj donese):* — Tako, sad mi je već lakše. Ti, bezobrazniče, da se više ne usudiš preda mnom tako što govoriti. Ne znaš li ti, da je moje telo slabo?

JOVAN: E, slabo, da! Koliko ste boja od majstora izeli?

FEMA: To je inpretinencija! Čuješ, sad ti poslednji put kažem, da mi više ne spominješ, što je bilo. Tako bi me bezobraznik i pred kakvom stranom personom osramotio.

JOVAN: Pa šta ste me zvali?

FEMA: Zvala sam te, da ti dam regulu, da ne budeš kao dosad, ili kao što su ove drolje. Prvo i prvo: ti se nećeš više zvati Jovan.

JOVAN: Nego?

FEMA: Hanc.

JOVAN: Zar sam ja konj?

FEMA: Budalo! Najlepši pedinteri imadu to ime.

JOVAN: Nisam ja pedinter, nego šegrt, niti je meni otac kazivao, da se nemčim, nego da ostanem koji sam bio.

FEMA: Kukavico, to je nobles. — Ti nećeš više raditi kao dosad, samo ćeš za mnom ići, mene i najveće madame — madame, vrag im materi, nisam mogla otoič pogoditi — njih ćeš u ruku ljubiti, i s karuca skidati.

JOVAN: A gde su vam karuce?

FEMA: Ti nećeš nositi te haljine, nego sam ti načinila druge, svuda unaokolo sa žutim portunetom.

JOVAN: Šta, da me pravite pajacem? Majstorice!...

FEMA: Opet on.

JOVAN: Sve zaboravim, gospođa, hoću da reknem, ja nisam rad, da se pravi od mene komendija.

FEMA: Tako najveće gospode pedinteri nose. Dobro samo pazi, kad te viknem Hanc.

JOVAN: Ja neću da budem konj, makar me ubili.

FEMA: To je najlepše ime, ludo! Gledaj kako je suptilno Hanc, bolje nego gurbijansko Jovan.

JOVAN: Makar i gurbijansko, moje je, ja ga neću pod starost menjati.

FEMA: Hoćeš li da budeš Žan?
JOVAN: Džan, sad da me pravite Ciganinom.
FEMA: Ludo, ludo! To svi Francuzi imadu.
JOVAN: Šta Francuzi, one poganije što žabe jedu.
FEMA: To je nobl Žan.
JOVAN: Zar bi vi jeli?
FEMA: Johan, ti još ne osećaš, šta je to nobles. Što god je u modi, to je lepo.
JOVAN: Boga vam, majstorice, da li bi vi nosili čizme s mamuzama, kad bi to bilo u modi?
FEMA: Dakako, to se zove nobles.
JOVAN: I pantalone?
FEMA: Zar ti nisi video, da madame nose frak?
JOVAN: He, he! Tako bih najposle ja morao obući suknju, kad bih se na modu dao.
FEMA: To može biti Žan, propopo Žan.
JOVAN: Molim vas, majstorice, nemojte me zvati Džanom.
FEMA: To mora biti Žan.
JOVAN: Ja neću, makar znao ovaj čas trideset batina izvući.
FEMA: A ti hajde budi Johan, to je lepše.
JOVAN: I to neću, nisam ja Nemac. Bolje da idem topiti one kože, što su od majstora zaostale.
FEMA: Šta, kože? Taj smrad u mojoj kući neće više biti.
JOVAN: Kad neće, ja idem od vas.
FEMA: To je inpetretinencija! Znaš, šta je, Jokan, ako me obslužiš tri godine dana, daću ti pet stotina forinata.
JOVAN: Pet stotina forinata! Pa posle da duvam u prste? — Volim ja izučiti zanat, pa biti pošten majstor, nego bitanga svetska.
FEMA: Jokan, dobićeš još i Ančicu.
JOVAN: Ančicu, Ančicu! Hm, ala ste vi majs — onaj, gospođa, veliki đavo!

FEMA: Uh, uh, ja đavo!

JOVAN: Kako vi to sve znate, kao matorac neki.

FEMA: Ja sam mlada, Jokan.

JOVAN: Otkad ja naAnčicu mislim. A jeste li videli, kako je lepa? Nos joj je kao struk karanfila, obraz crven, kao karmažinska koža, a kosa crnja, nego našeg mačka rep.

FEMA: Uh, uh! Idi, dok nisam sve povratila.Ančice, daj sirćeta!

JOVAN: Nemojte, sad ću ja sam doneti. *(Pođe.)*

FEMA: Gurbijan, bezobraznik, ti si za svinjara, a ne za poštenog pedintera. Zar se tako od noblesa ide? Nisi ni u ruku poljubio.

JOVAN: Šta vas znam ja, kad kažete, da vam je zlo.

FEMA: Makar da izdišem, ugursuze, opet se nobles u ruku ljubi. *(Pruži mu):* Na!

JOVAN *(gleda je)*: Majstorice, ala su vam ispucane ruke. *(Poljubi je, i brzo iziđe.)*

FEMA: Što je nevospitano, nevospitano!Ančice! Aa, ne treba vikati, velike gospođe zvone. *(Uzme dva cvancigera, i počne kucati):* Aja! Ne zna paorka šta je zvoniti. *(Viče):* Ančice, Ančice!

ANČA: Evo me!

FEMA: Da mi kupiš malo hop-hop — kako ga vraga zovu, hopmaniše tropn. Ovaj gurbijan Johan tako gadne reči govori, da se čoveku moraju creva mutiti. Ančice, danas ćemo imati jednu gošću. Koliko ima sati?

ANČA: Devet prošlo.

FEMA: Sad je najbolje praviti vizite, je l'? Ančice, samo dobro uredi. Evo ti trinkelta. *(Dade joj tri cvancika.)*

ANČA: Milostiva gospoja!

FEMA *(uspija se)*: Ančicken, to je moje pravo ime.

ANČA: Milostiva gospoja, vi ste vrlo dobri.

FEMA *(hoda, uspijajući, po sobi)*: Ančicken, koliko me god puta mojim pravim imenom, milostivom gospođom nazoveš, toliko ćeš puta dobiti trinkelt.

ANČA: Milostiva gospoja!

FEMA: Komi fo! *(Hoda ponosito.)*

ANČA: Milostiva gospoja!

FEMA *(čepeći se)*: Samo zapiši, Ančicken, pa ćeš mi poslati kontu. Ti znaš, velike madame o Novoj godini trinkelt daju. Ančicken!

ANČA: Čujem, milostiva gospoja.

FEMA: Oh, oh! *(Opet hoda uspijajući)*: Ančicken, samo zapiši. — No ja ću meni biletu načiniti, je li Ančicken, svaka nobles nosi svoju biletu.

ANČA: Jest, milostiva gospoja.

FEMA: Propopo, Ančicken. Ti si služila kod noblesa, kako se sad nosi šal? Preko ruke, ili oko vrata?

ANČA: Preko ruke, milostiva gospoja. *(Zabeleži.)*

FEMA: To je moj gust. Obično se nosi krst na vratu, ali ja sam naručila zvezdu; to je lepše, a i ne nosi svaka šuša. Šta ti se čini, Ančicken?

ANČA: Vrlo lepo, milostiva gospoja. *(Zabeleži):* Još vam jedan sat treba.

FEMA: O, imam Ančicema, ostalo mi je od pokojnog dva sata. *(Izvadi):* Istina, srebrn je, no ja ću ga dati pozlatiti.

ANČA: To je vrlo veliki sat.

FEMA: Ništa, ja ne žalim platiti. Je li, Ančicema, u džepu se nosi?

ANČA: A, Bože sačuvaj, ovde na levoj strani *(na prsi pokazujući)*.

FEMA: Riftik, riftik Ančice, ovaj prokletu francuski jezik zabunio mi je glavu. Sve o njem mislim, pa u drugom moram da falim. *(Pridene sat):* Ančicken, može i ovako podneti, dok se ovaj pozlati, je li, Ančicema?

ANČA: Jeste, milostiva gospođa. *(Zabeleži.)*

FEMA *(hoda ponosito po sobi, sve na ogledalo gledajući)*: Ančicken, šta mi još može faliti?

ANČA: Jedan šteher.

FEMA: Prokleti francuski jezik, tako mi je zabunio glavu, da sad upravo ne znam šta je to šteker.

ANČA: Od belih kostiju, što se gleda kroz njega.

FEMA: Pravo, Ančicema, i ja ću da postanem kratka vida.

ANČA: Verujem, milostiva gospođa. *(Zabeleži.)*

FEMA: Dok se taj, kako se bestraga zove, šteker kupi, mogu se i s naočarima poslužiti, je li Ančicema?

ANČA: Može, milostiva gospođa.

FEMA *(uzme naočare, i gleda kroz njih)*: Komi fo! — Propopo Ančichen, kako se nobles tamo, gde si služila, unterhondluje?

ANČA: Lepo. Igraju vista, taroka, šaha, bostona.

FEMA: Moram ovaj vraški francuski jezik sasvim ostaviti. Tako mi je glavu zabunio, da ne mogu ništa da pogodim. *(Tare čelo)*: Šta je to bestraga?

ANČA: To su karte.

FEMA: Riftik, riftik, punišaka, poklopice i marjaša. Komi fo, Ančicema, da kupiš karte, to ćemo i mi igrati. — Kako se dalje unterlondruju?

ANČA: Udaraju u fortepijano.

FEMA: O, to je davno u modi. Štogod novo, po novom žurnalu. Propopo Ančicema, da kupiš tri drombulje, da se unterlondrujem. Mogu i kakvu modu izneti, je li Ančichen?

ANČA: Jeste, milostiva gospođa. *(Zapiše.)*

## VII

## MITAR, PREĐAŠNJE

MITAR: Pomozi Bog, Femo!

FEMA: I ovaj je došao, da mi smradi nos. *(Metne maramu na nos, pa se okrene ogledalu.)*

MITAR: Femo, šta je tebi? Šta si se narogušila kao patak?

FEMA: Komi fo! Komi fo, danas imam jednu osobitu vizitu. Jokan, aufšponen. *(Ode.)*

MITAR: Šta je ovoj mojoj sestri? Gde je Evica?

ANČA: U bašti.

MITAR: Idi je zovi. *(Anča otide)*: Kog vraga, ili je poludela, ili se čini. Kakve su to reči: miko! miko! Kanda krave vabi.

EVICA *(ulazi)*.

MITAR: Devojko, šta je tvojoj materi?

EVICA: Ah ujo, ona kanda nije pri svesti; gledajte šta je uradila s kućom.

MITAR: Ja vidim promenu, ali ne znam zašto, ta ni šest nedelja nema otkad ti je otac umro.

EVICA: Ona hoće da je kod nje sve kao kod najveće gospode. Psuje me i grdi, što radim, nego kaže da se nakitim, pa da sedim.

MITAR: O, sluta jedna, a je li ona sedela, dok je otac bio živ? On se, Bog da mu dušu prosti, kinjio i život prekraćivao, da vam što više pribavi, a gledaj ti sad ove, hoće da utamani kuću. A, drugojače ću ja s njome početi!

EVICA: Grdila me i ružila, što sam bila kod vas, i što sam radila.

MITAR: Dašta, i tebe da vaspita kao što je ona? Bezobraznica, videla ono malo krajcara, pa hoće da spiri.

EVICA: Nekakva gospođa Sara dolazi, pa je tako uči. Sve kažu, da nisam vaspitana kako valja.

MITAR: Kad nisi vaspitana, a ti ćeš ići sa mnom.

EVICA: Ja ne smem, ujo, u vašu kuću ulaziti.

MITAR: Zašto?

EVICA: Zapretila mi je strašno, zašto kaže, da nema brata čizmara.

MITAR: Šta, ta pokondirena tikva? A šta joj je otac i muž bio, nisu li pošteni majstori bili kao i ja? Hajde ti sa mnom, pa samo neka dođe po tebe, prebiću joj obadve noge.

EVICA *(mazeći se)*: Ah, ujo!

MITAR: No, šta ti je?

EVICA: Ah, moj Vasilije! I njega je oterala.

MITAR: Moja ćerko, jest da je Vasilije dobar, i da je i tvoj otac još namislio da te za njega da, ali ja ti to ne mogu dopustiti, a ni za što drugo, nego što je siromah.

EVICA *(plače)*.

MITAR: No, no, ti plačeš?

EVICA: Nije li moj otac i mnogi drugi ljudi, niste li i vi sami bili oskudni, kad ste se ženili, pa eto ste, hvala Bogu, stekli. Moj je Vasilije vredan.

MITAR: E, moja ćerko, sad nisu ona vremena, koja su bila kad sam se ja ženio. Sad je sve drugojače; prokleta moda jako je obvladala. Tvoja se baba, Bog da joj dušu prosti, u venčanoj haljini sahranila, a od kape joj i sad srebrna dugmeta na svečanoj ćurdiji nosim, ali naši mlađi sve hoće da svetle, da su pred svetom obučeni, makar u kući proje ne imali.

EVICA: Moj Vasilije nije takav.

MITAR: Ja znam, ali ni on ne može iz reda izilaziti. Vidiš, kad bi ti metnula zlatnu kapu, svi bi zinuli na tebe kao na čavku. Moraš imati od paučine, i natrkačiti kraklje ili žirafe, kako bestraga zovu; oko vrata kule i tarane; moraš naobručati glavu i sapeti ruke sa zlatnim lancima, a to sve otkuda ćeš?

EVICA: Nisam ni ja siroče u Boga.

MITAR: Vidiš li ti, da ti mati luduje. Ona će sve s njenom prokletom modom da spiri i izmodi, pa onda? Ne, ne, žao mi je, ali ne može biti. — Koji vrag, kakav je to pandur?
EVICA: To je Jovan.
MITAR: Jovan, pa šta se tako naružio. — Jovane!

## VIII

### JOVAN uniformirat, PREĐAŠNJI

JOVAN: Evo me, majstor-Mitre!
MITAR: O, časni te krst potro; koji te đavo nagrdi?
JOVAN: Majstor-Mitre, pazite s kim govorite! Ja nisam više Jovan, nego Hanc, Džan, ili, ako to ne možete da upamtite, Johan. Koji me šegrtom nazove, onaj je propao od moje gospođe majstorice.
MITAR: Tvoja je majstorica sasvim poludela.
JOVAN: Dosta je bila pametna.
MITAR: Pa kud je sad otišla?
JOVAN: Da joj čitaju molitvu.
MITAR: I ona ti je zapovedila, da se tako obučeš?
JOVAN: Dakako. Ja sam njen pedinter. Sad moram sve drugojače urediti, nego što je dosad bilo. Vidite ovaj orman? Napolje s njime, mora soba biti prazna, zašto kažu, da ljudi od mode sve prazno u sobi imaju. Vidite ovaj zid, tu ćemo poređati neke golišave ljude i frajle s razdrljenim grudima i s nekim klobucima na glavi, gde se na pauni voze. Kreveti moraju doći nasred sobe uspored, i to, jedan za goste, a drugi za majstoricu. Ova polica...
MITAR: Dosta, imena ti božja, prevrću mi se creva. Šta je ta žena naumila? Hajde, Evice, od jeda neću moći čitav dan jesti. *(Odu.)*

KOMEDIJE

JOVAN: Idite vi, Jovan je opet od vas sviju najpametniji. Ančichen, opet Ančice! *(Odškrine lagano vrata):* Ančice! — Jao! Eto mi majstorice!

## IX

### FEMA stupi, JOVAN

FEMA: Žan, san tunder božur tu.
JOVAN: (Ded sad, Jovane!)
FEMA: Ne parle francuz?
JOVAN: (Pravo sam ja majstor-Mitru kazao, da je poludela.)
FEMA: Johan, moram i tebe da dam učiti francuski.
JOVAN: A, to mi fali; naučio sam i srpski, tek nisam francuski.
FEMA: Žan, to mora biti; barem deset reči.
JOVAN: Gde ću ja sad pod starost da naučim, to je teško za mene.
FEMA: Sapr tuder fo. Vidiš kako nije teško. — Znaš šta je božur?
JOVAN: Kako ne bih znao, kad nam je puna bašta božura.
FEMA: Sapr bu, to je francuski dobro jutro. Sad kaži: božur, madam.
JOVAN: Božur madam.
FEMA: Les truzes. Vidiš kako je lako.
JOVAN: Sapr đabl sundier susunprprpardon.
FEMA: Vidiš, kako je lepo. Sad se sve francuski govori. Propopo Žan, pogodila sam jednog lamura za dvadeset forinti.
JOVAN: A mene da oterate? Majstorice, ja mislim, da vas pošteno služim.
FEMA: Tumo! Tumo! To je pseto, magarac, zar ti nisi video, da svaka nobles pseto vodi?
JOVAN: Pa kakvo je to pseto za dvadeset forinti?
FEMA: Malo, lepo, kudravo, komi fo!

JOVAN: Znate šta, majstorice, doneću vam ja za pet forinti od moga babe pseto, što više vredi, nego deset takovih lamura.

FEMA: Kako izgleda, Žan?

JOVAN: Dlaka mu je žuta, ako nije veće od teleta, manje nije, glava mu je kao polovače; krasno, kudravo, milo vam je da pogledate.

FEMA: Kako mu je ime?

JOVAN: Žutov.

FEMA: Johan, to je ime gurbijansko, mora biti lamur.

JOVAN: Pa dobro, vi mu nadenite ime kako hoćete. Videćete, svaki će u njega pogledati.

FEMA: Donesi ga, Žan, da vidimo.

JOVAN: Nemajte vi brige, pseto pouzdano.

FEMA: Propopo Žan, da kupiš češalj i sapuna, pa ćeš ga svake nedelje miti.

JOVAN: Majstorice, nemojte me sasvim već grditi, sad i pse da mijem.

FEMA: Ugursuz, kad mogu prve dame i frajle, valjda i ti možeš!

JOVAN: Ja to ne mogu, makar me ubili.

FEMA: Vidi se da nisi stvoren na gospodstvo. Neka, ja ću.

JOVAN: Hoću li ga doneti?

FEMA: Aport. *(Jovan pođe):* Propopo Johan, santurtur.

JOVAN: Semener rotunder.

FEMA: Pravo, Johan, pravo.

JOVAN: (Zbogom, pameti!) *(Otide.)*

FEMA *(sama)*: Pogrešila sam što sam ga naučila francuski. Sad može gurbijan sve razumeti, kad počnem govoriti s madamama. Ali ništa, kad bude kakva tajna, ja ću početi engleski; to je još više nobles.

# DEJSTVO DRUGO

## I

### EVICA, VASILIJE

EVICA: Ah, slatki Vaso, kako mi je žao, kad pomislim, šta se s tobom zbilo. Moja uspaljenica, tako da joj kažem, mati, isterala te je kao najgoreg bećara, i ja nisam smela da joj ništa reknem.

VASILIJE: Ništa je to, Evice, samo kad ti mene miluješ, doći će vreme, te ćemo biti zajedno.

EVICA: Ah, moj Vaso! Ti me nećeš moći uzeti.

VASILIJE: Zašto, gde me je tvoja mati oterala? O, to je ništa, ona će se lako povratiti, poznajem ja njeno dobro srce.

EVICA: Ali sad hoće da me da za nekoga filozofa, pa eto naše nesreće.

VASILIJE: A šta će tvoj ujak kazati?

EVICA: Ah, i on mi ne da da za tebe pođem.

VASILIJE: To ne može biti.

EVICA: Cela istina, što ti kažem, a svu ti manu nalazi što si siromah. *(Plače.)*

VASILIJE: Ne boj se ti, Evice, dobiću ja novaca i više može biti, nego mnogi što imaju.

EVICA: Ah, kako možeš dobiti, kada si pošten?

VASILIJE: Zato što sam pošten, daće Bog, te ću biti srećan. *(Izvadi reškontu):* Vidiš ovde dvanaest hiljada forinti.

EVICA: To je samo hartija.

VASILIJE: To je znak da sam metn'o u lutriju.
EVICA: U lutriju? Ah!
VASILIJE: Da vidiš šta sam snio. Kao ležim ja na krevetu, a ti si došla, pa me pitaš šta mi je, te sam tako neveseo. Ja kažem da mi je žao, što ne mogu da načinim još jednu haljinu, nego sve moram u starom janklu da idem. Ti mi na to odgovoriš, da se Bog i za nas stara, pa me poljubiš triput, odeš k vratima i napišeš kredom veliko 3, zatim dođeš, i poljubiš me osam puta, pa opet napišeš 8, treći put poljubiš me dvadeset i četiri puta, pa kao i pređe napišeš na vratima veliko 24. S tim se okreneš meni i rekneš: upamti, Vaso, dobro ove poljupce, biće ti nekada slatki, i odeš. Ja se na to probudim i taki se setim sna, jer ko bi na tvoje poljupce zaboravio? No kad dalje razmislim, padne mi na um da metnem na lutriju na tvoju sreću.
EVICA: Ah Bože! Ja ću svaki dan po triput metanisati, samo da dobiješ.
VASILIJE: Onda mi jamačno neće tvoj uja kratiti da tebe uzmem.
EVICA: Ah, kako ćemo lepo živeti, dok samo dobiješ.
VASILIJE: Da vidiš, kad zgrnem dvanaest hiljada. Onda neću u ovakvom janklu ići, nego gerok od najlepše čohe i dva para pantalona. A tebi ću načiniti vikler od same svile.
EVICA: Nemoj vikler. Bolje iberok. Da ne kažu ljudi: eno vidiš, dobila na lutriji, pa digla nos.
VASILIJE: Pa znaš gde ćemo kuću kupiti? Na pijaci do „Dva pištolja". Ja sam već pitao.
EVICA: O, šta će ti, boga ti, ta kuća, gde ćemo držati marvu, krave i drugu živinu? Bolje i u sokaku, samo da je prostrana.
VASILIJE: Nije nego još štogod! Sad će se gospođa od dvanaest hiljada s marvom zabavljati. Na pijaci, gde su gospoda, šta će nama živine.
EVICA: Ja drugojače neću.
VASILIJE: Ali ti moraš.

EVICA: Ja neću.
VASILIJE: Kad nećeš, ja ti neću nijednu haljinu kupiti, znaš.
EVICA: Vaso, srdiš se.
VASILIJE *(zagrli je)*: He, ti si moja.
EVICA: Ti si moj Vasa. *(Poljubi ga.)*

## II

### FEMA, PREĐAŠNJI

FEMA *(gleda ih donekle, pa se posle prodere)*: Bos is tos? *(Oni se rastave):* Nesreće i smradi? Je li to nobl, tako Francuzi rade? Nije li dosta, što se na balu grle, nego i po budžaci, a? A ti, kukolju od paora, ko ti je rekao da ostavljaš kuću? Nisam li ti zapovedila, da se ovamo ne dovlačiš?
EVICA: Mene je uja silom doveo.
FEMA: Silom, da se grliš s momcima? Sram da te bude, kakvog si momka izabrala? Gledaj, propali mu laktovi.
EVICA: On ima novaca, majko.
FEMA: Poznaje se na njemu, valjda je bio gdegod kočijaš. Komi fo krmačo, nobles, to se sad gleda, a ne kojekakvo đubre. Taki da si se vukla kući, da te više nigda ovde ne vidim!
EVICA: Ja ne smem od uje.
FEMA: Od uje, uja tebe hrani? Sad ću ti zube izbiti, bezobraznice jedna, črez tebe sam morala usta pokvariti. Ali platićeš ti to. A tebi, nitkove, poslednji put kažem, ako te još jedanput zatečem s njome, iščupaću ti svu kosu. Sluškinje traži, a ne diraj u kćeri noblesa. *(Povuče Evicu za sobom i otide.)*
VASILIJE *(snužden takođe iziđe).*

## III

(Soba kod Feme.)

### SARA i RUŽIČIĆ stupe

SARA: Ovo je kuća gospoje ot Mirič. To vam je žena, to je gospoja, što joj nema para. Što ona časti, ne časti nijedna. Osobito je za nobilitetom poginula. Kako ste vi visokih nauka, to će biti za nju apropo.

RUŽIČIĆ:

*Nebo grmi, zemlja strepi,*
*Sunce sija, trava rasti,*
*Slavuj peva, ševa trepti,*
*A duh stihotvorca leti*
*Preko polja, preko brega,*
*Preko vozdušnoga snega,*
*Na visoki Parnas,*
*Gdi s' izvija ljupki glas.*

SARA: Gospoja ot Mirič ima jednu prekrasnu kćer, koju ona usrećiti želi, i budući da ste vi...

RUŽIČIĆ: Samo blagoumiljeno nimfa i gracija obajanije može Ružičićevo suščestvo voshititi. Nepočerpaema simfonija visprenih duhov umnost svojih priverženika vosplamenjava.

SARA: Ona je bogata.

RUŽIČIĆ:

*Šta je drugo bogatstvo*
*Neg' na čizmi štikle?*
*Koje sreća poklanja*

*Malenima ljud'ma,*
*Da veliki izdaju,*
*Da poznati bivaju.*

SARA: Budući, dakle, da je ona vrlo bogata, a i dobro vospitana, zato je namislila, to će lepo biti, verujte — ona je naumila svoju kćer za vas dati.

RUŽIČIĆ: Kad se Ružičić himnu posvjaščava, svo jestestvo pačezemno toržestvuje, zmijevidni potok muziku pravi, a tihoprohladitelni zefir u sodružestvu boginja i gracija kolo vodi, oku neponjatno, umu nepostižno.

SARA: Bre ostavite se vi toga, mon frer, nego da pravimo mi lepo bal, pa da se igra kotiljon, galopad, mazur; da se nosi punč, limunada, barbaras, torte i paštete svakog...

RUŽIČIĆ: Dosta.

*Bedni robe grada*
*Ne znaš šta je priroda,*
*Ne znaš šta je jestestvo,*
*Tiho veličestvo,*
*Gdi fauni 'ode,*
*Gdi se smeju rode,*
*Gdi travčica raste,*
*I proleću laste,*
*Tam' je uslaždenije,*
*Tam' je voshiščenije.*

SARA: Dakle, da dođemo k devojki. Bi li se privoleli nju uzeti?
RUŽIČIĆ: Samo lepo lice može moje serdce občiniti.
SARA: Ja ću nju taki dovesti. Ona je jamačno u kujni, uređuje šta će se za supu mesiti, kakav će biti sos, od koliko feli cušpajz,

kakvo pečenje, zašto da vam pravo kažem, nema gostoljubivije žene od gospoje Miričke; i ja sam na ručak pozvata, i neću joj otreći, verujte mi, mon frer. Dakle, da dovedem frajlicu; samo je vi dočekajte modern; nemojte tako visoko govoriti, da se ne uplaši, jer je devojka mlada. *(Otide.)*

RUŽIČIĆ *(sam)*:

*Nek se naše lepotice bele,*
*Kartadžije neka karte dele:*
*Nek Ćir-Janja koti svoje novce,*
*Zaljubljene nek okreću lonce.*
*Kom' je milo, nek se s ženom tuče,*
*Nek se tuče, i za kose vuče.*
*Neka gajde pored svirca ječe,*
*Pune čaše pri veselju zveče.*
*Ne zavidim, na čast svakom svoje,*
*Moja je sva slava stihotvorstvo moje.*

## IV

### FEMA i SARA dovedu EVICU lepo nakićenu

SARA: Ovo je moj rođak Svetozar ot Ružičić, koji je...

RUŽIČIĆ *(digne ruku)*: Stan'te! Ružica je cveća carica. Kad je boginja Venus, ili Afrodita, Adonisu jagnjence davala, raskrvavi se od trnja okolostoećih ruža, i ružicu, koja je bela donde bila, u crvenu pretvori. Otuda moje ime koren svoj vodit. Kao što je penorodna Venus carica olimpijskih boginja, tako je ruža carica poljskih cvetova, tako je ime Ružičić car na verhu Parnasa, a Svetozar svetlo ozarava ime neuvjadajemog Ružičića.

FEMA *(pokloni se)*: Komi fo.

SARA *(Ružičiću)*: Gospoja ot Mirič, za koju sam vam kazivala, da je vrlo nobl, osobito što se jela tiče; a ovo je madamojzel Evica.

FEMA: Evicken, Evicken, to je njeno pravo ime.

RUŽIČIĆ *(Evici)*: Zdravstvuj, cvete ljubovi, orošeni strujom nimfa. Zefiri Amora oko tvojih persiju lete, i sjajnopune oči tvoje strelu Kupidonu zatupljajut. *(Hoda gore-dole.)*

SARA: Mamzel, artikajt iziskuje da odgovorite na kurmaheraj.

FEMA: Paorko, zar sam te malo vospitavala? Kamo božur, komifo-le sužeš? Zar hoćeš doveka da me sramotiš?

EVICA: Verujte, majko...

FEMA: Pst! *(Vrti glavom na nju):* Mama, mamichen. — No, šta si htela kazati? San tunder mamzel. San tunder.

EVICA: Ja nisam ništa razumela, što je ovaj gospodin govorio.

RUŽIČIĆ: Sestro Meleagrova bogom preobraščena v ćurku! Nebeska harmonija iz Ružičićevih usti preliva se.

SARA *(Femi na uvo)*: Malo sveta ima naša frajlica.

FEMA: Ne mogu da govorim od jeda. Jeste li vid'li kakav mi koplament daje?

SARA: Da ih ostavimo same, on će nju jamačno doterati, te će joj se usladiti nobilitet.

FEMA: Hu! Kamo ta sreća, ja sam zaista nesrećna mati.

SARA: Ne starajte se ništa, ovo je filozof. *(Ružičiću):* Nas kao stare persone čeka po jedan šolj kafe, vi se međutim unterhaltujte.

FEMA: Evicken, ti ostaješ ovdender. Samosender pametno vladajder. Šprekte pisli francuz, mamzel, šprekte pisli francuz. *(Ružičiću):* Komi fo!

RUŽIČIĆ *(pokloni se)*.

## V

## EVICA, RUŽIČIĆ

RUŽIČIĆ *(gledajući čas gore, čas u Evicu)*:

*Šta je život bez ljubovi*
*Nego nemi stubovi?*
*Nego oči bez vida,*
*Il' devojka bez stida.*
*Ili dan bez sunca*
*Il' noć bez meseca.*

*(Evici)*: Blagozračna Heleno.
EVICA: Moje je ime Evica.
RUŽIČIĆ: Ti si Evica, no zato opet Helena; devojka, no zato opet boginja.
EVICA: Oprostite, ja nisam boginjava.
RUŽIČIĆ: Junonin soputniče, prekrasni paune, imaš li ponjatija o poeziji?
EVICA: Šta je to poezija?
RUŽIČIĆ: Niže neba i previše ljudi, previše pregrdnih planina leži pačezemni prestol na kojemu pesnoslovije tiho toržestvuje. Tamo se mi stihotvorci na vozdušni krili penjemo, i duh pačezemno uslaždavamo.
EVICA: Nije vam zima tamo?
RUŽIČIĆ: Oganj stihotvorstva svoje ljubimce obilno greet.
EVICA: A kad ogladnite?
RUŽIČIĆ: Heleno, Heleno, ti još ne znaš s kim govoriš!
EVICA: Molim, ko ste vi?
RUŽIČIĆ: Ja sam onaj, koji u romanima ljude po sto godina u životu obdržavam, bez da štogod jedu. Ja sam onaj, koji kurjake

krotke, a magarce pametne pravim. Ja sam onaj, koji mnogo redi kazujem, da žene za tajne ne mare, da mnogo ne govore, i da mužu za ljubov i život svoj žertvuju; jednim slovom, ja sam poeta ili stihotvorec, i na moju zapovest taki će tigri i salamandri, najstrašnije zverinje sveta, lafi i skorpije, krokodili i aspide proizići.

EVICA *(uplašeno)*: Ah!

RUŽIČIĆ: Još su i zemnorodni u mojim rukama. Od moje volje zavisi sredstvom basne pretvoriti vas u skakavca, u slepa miša, u guštera, ili sasvim vam život uzeti.

EVICA: Zaboga! *(Hoće da pobegne.)*

RUŽIČIĆ *(uhvati je za ruku)*: Heleno, stani! Tako je Dafna bežala ot Apolona, i pretvorena bila u lavr koji se stihotvorcima na dar daje.

EVICA *(otima se)*: Ako Boga znate, pustite me.

RUŽIČIĆ: Dafno moja, zri moga lica; ovo serce, hm, za tebe kuca.

EVICA: Ah, ostavite me, ostavite me, ja s veštcima neću ništa da imam. *(Otrese se od njega, i pobegne.)*

RUŽIČIĆ *(sam, posle kratkog ćutanja)*:

*Šta je drugo ljupki brak,*
*Nego ren i crni luk?*
*Suze liješ, kad ga ješ,*
*Al' ga zato opet ješ.*
*Sa muzama pravi brak,*
*Jest blaženstvo, to zna svak:*
*Kad po kući žena psuje,*
*Muza mene tad miluje;*
*Kad je žena neočešljana,*
*Muza meni ide sjajna.*
*I kad šešir hoće žena,*

*Muza je s cvećem zadovoljna.*

## VI

## SARA, RUŽIČIĆ

SARA: No, kako vam se dopada madamojzel?

RUŽIČIĆ: Helenu je Juno u pauna pretvorila. Lep je paun, i krasan, i s perjem se diči, ali bi se postideo, da zna kako kriči, kaže bezsmertni Dositej Obradovič.

SARA: Dakle ništa nema od svadbe?

RUŽIČIĆ: Himen samo dva jednaka serca steže.

SARA: Imate pravo, nevospitana je, a i svašta. Nego mati joj je druga žena. Ona i vas na ručak poziva.

RUŽIČIĆ:

*Velkomožni trbuve,*
*Tvoje silne meuve*
*Gone gladnog pevati,*
*Gone stihe praviti.*
*S tebe mnoge devojke*
*Za starkelje polaze,*
*S tebe lepi mladići*
*Babuskere uzimaju.*

SARA: Kažite vi meni pravo, ali samo pravo, mon frer, kako vam se dopada gospoja ot Mirič.

RUŽIČIĆ:

*Troja pada, no Hekuba živi.*
*Da kao sova unučad preživi.*

SARA: Ja imam jedan lep plan; istina, ja sam slaba žena, nemam toliko razuma, toliko pameti kao vi, ali sam vaša tetka, mon frer, a tetke, znate, svuda se umedu naći, a i treba da se za vas staram. Vidite, vi ste mladi, ja sam malo starija, treba da vas usrećim, da lepo živite, ja imam jedan vrlo lep plan, da uzmete gospoju ot Mirič za ženu.

RUŽIČIĆ: Ho, ho, ho! Nebo plače, zemlja se otvara, da Hekubu u objatja primi.

SARA: Mislite vi, gde je ona u godinama? Treba da znate, mon frer, da su udovice kao zeleno šiblje; što više s jedne strane gore, to većma sok na drugom kraju puštaju. Tako i žene, što više godina imadu, to jače i silnije ljube.

RUŽIČIĆ: A kad amoreti dođu na posješčenije, i kad ushtem Venus pojati, i kad mi gracije voobraženije obuzmu, gde je original?

SARA: E, nije nego još štogod, vi ne znate, kakav je bio Vulkan, pa šta je falilo vašoj Veneri. Jesti i piti, mon frer, jesti i piti, to je ljubov; manite se vaših gracija i boginja.

RUŽIČIĆ (*razrogači se*): O, Apolo, gde je tvoja sila, da pretvoriš oporočitelnicu u kravu.

SARA: Gledajte vi, mon frer, da se usrećite, slušajte moj sovet, mon frer, ona je krasna žena, vaša prilika. Koliko su vaši ti bogovi sa malo postarijim personama zadovoljni bili, samo da im je pun trbu'.

RUŽIČIĆ: Stan'te, Baucis i Filemon, srećni par ljudi. Hoću — tek tako mogu ja moja sočinenija izdavati.

SARA: Hoćete, mon frer?

RUŽIČIĆ: Muze pokoj ljube, s prenumeracijom se knjige ne izdaju. Mirička će biti moj ferleger.

SARA: Vivla! Ja ću njojzi ovaj veseo glas odneti, ona će to voleti, nego bogzna šta, ona će videti, da sam joj prijateljica. A, evo je, remarkabl.

## VII

## FEMA, PREĐAŠNJI

SARA: Apropo, kako vas mogu nazvati, boginja, gracija, grafica, ili baronica, ja ne mogu da se rezolviram.

FEMA: Komi fo! Ja ne znam šta vi s ovim želite kazati.

SARA: Ah, gledajte, kako ste srećni, kako ste aloboner. Gospodin filozof, moj rođak, koji se u Parizu mogao oženiti, moj rođak, ja se dičim, sklonio se, hoćete li moći pogoditi? Sklonio se...

FEMA: Uzeti moju kćer.

SARA: O, manite frajlicu, ona je još zelena.

FEMA: Sluta je ona, a ne zelena, žao mi je što se i nazvala mojom — ali neka — šta su se gospodin vilozov sklonili?

SARA: Gledajte kako je divno, ja vas mogu pozdraviti le bon ton, vi ste supruga gospodina filozofa.

FEMA: Oh! *(Izvali se na stolicu.)*

SARA: Hoće da padne u nesvest. Friško hofmaniše tropfn. *(Uzme staklo s pendžera, i prinese joj k nosu.)*

FEMA *(lagano)*: Jesam li dobro pokazala kako se noblesa vladaju?

SARA: Ni moja grafica nije mogla bolje.

FEMA *(stavi se u drugu pozituru)*: Gospodin ot vilozov, dakle vi zacelo mislite?

RUŽIČIĆ: Ja s oblaka silazim, i tebe za mene nalazim.

FEMA: Oh, oh! *(Lagano Sari):* Kako se francuski uzdiše?

SARA: Alaboner.

FEMA: Alabunar, alabunar, gospodin vilozov, ja sam slaba, neću moći...

SARA *(lagano)*: Nemojte se ustezati, da se ne rasrdi.

FEMA *(naglo)*: Hoću gospodin vilozov, verujte hoću. Ja sam vam samo htela pokazati kako noblesi rade, no ja hoću. — Ah, ja od radosti opet padam u nesvest, kad pomislim, kako će oko mene moje komšinice puziti, kako će me nazivati milostivom gospojom vilozovicom, a ja ću njih preko gledati, da pokažem da sam veća od njih.

SARA: Mi ćemo se svaki dan na četiri konja voziti.

FEMA: Neću se ja mešati s kojekakvima. Ko si ti? Ja sam vaš brat, ja sam vaš ujak, stric; jesi li i ti vilozov? Jesi li nemeš? — Nisam. Marš ispred mojih očiju! Da si mi ti rod, i ti bi bio vilozov kao ja.

SARA: Vidite vospitanije?

RUŽIČIĆ: Koja nju u voshiščenije dovodi, jest blagodetelna muza. Mi ćemo neprerivno u sodružestvu boginja i gracija biti.

FEMA: Ja ću biti s njima per tu.

SARA: Pravo, pravo.

FEMA: Kako se kaže francuski draga?

SARA: Ma šer.

FEMA: Kad ih zapitam, kako ste mi ma šere, kako ste spavali, kad ćete u špancir, ko vam je pravio kur.

RUŽIČIĆ: Ne larmaz. Ljubimac muza i gracija jest samo Apolo.

SARA: I mi njine drugarice, pravo, pravo, pravo.

FEMA: Pa kad donesu punča, limunade.

RUŽIČIĆ: Parastok; nema tamo punča; nektar i amvrozija.

SARA: Punča, mon frer, punča, auspruha, tokaera, limunade, barbarasa, remarkabl! To ćemo i danas imati, je l' te gospoja ot Mirič i gospodin će filozof s nama ručati?

FEMA: Mekarabl, ja ću taki rebarbarasa spraviti.

SARA: Pravo, pravo! *(Na uvo):* Ali hoće li mladoženja kakav dar dobiti?

FEMA: Alabunar, od moga pokojnog muža ostalo je dosta stvari. *(Načini smešan kompliment i otide.)*

SARA: No, kako vam se dopada?

RUŽIČIĆ: Zla volšebnica pretvorila je lepotu Helene u rugotu Hekube.

SARA: Vidite, kolika i kakva razlika između nje i njene kćeri.

RUŽIČIĆ:

*Dođe milo vreme,*
*Da volšebnica breme*
*Sa Hekube svuče,*
*I u graciju obuče.*
*Tada će (hm) sunce*
*Sjajno svoje lice,*
*U Helene oku*
*U visprenom skoku*
*S radostiju gledat'*
*Zadovoljstv' osećat'!*

## VIII

### FEMA nosi burmuticu i sat, PREĐAŠNJI

FEMA: Gospodin vilozov, vi ste moj, i ja sam vaša. Ovo je prezident, što vam nosim. Istina, moglo bi i drugo biti, nego burmutica i sat, ali on će pokazati koliko puti kuca srce, kad hoće da bude venčanje.

SARA *(pljeska rukama)*: Pravo, pravo; to je vic, to je nobl.

RUŽIČIĆ *(skine s vrata maramu i počne naglo dole i gore hoditi).*

SARA: Mon frer, vi ništa ne odgovarate na artigkajt gospoje Miričke?

RUŽIČIĆ *(jednako hodi, nikoga ne gledajući).*

FEMA: On se valjda štogod srdi.

SARA: Zašto bi se srdio? Ko se srdi na venčanje? *(Uhvati Ružičića za ruku)*: Mon frer, gde ste vi?

RUŽIČIĆ *(kao došavši k sebi)*: Na Parnasu, na vrh Helikona.

SARA: Jao, jao! Mlada nevesta vas čeka. Šta ste skinuli maramu?

RUŽIČIĆ: Maramu? *(Pipa se):* Ženi, geni, treba li da se s onim zanima, kojima vi prosti robujete? Duh ostavlja svoje blatno telo, pa se u oblake diže, da se naslažđava.

SARA: Mon frer, u oblaku nema ovako lepog sata i burmutice.

RUŽIČIĆ *(Femi, koja mu iste stvari pruža)*:

*Blagodarnosti blagi znaci*
*Solncu jesu podobni*
*S blagodatni koje zraci*
*Tmu od sveta progoni.*
*Skrob i tuga iščezava*
*Ravne svaka so sveta,*
*Ljubov tepla gde počiva,*
*Prijateljstvo gde cveta.*

FEMA: Zaboga, kakve nebesne reči!

SARA: Pravo, pravo, zato se on zamislio. Vidite, madam de Mirič, šta mislite sada?

FEMA *(klekne pred njim)*: Ja moram ovako da ga počitujem.

SARA: Oho, oho! Šta je to, madam de Mirič? Muški pred ženskima kleče.

FEMA: Ovo nije čovek, ovo je vilozov; ovako slagati reči.

SARA: Mon frer!

RUŽIČIĆ: Tako je Leda pred Jovišem u strahopočitaniju klečala, kad je njegovu silu iskusila.

SARA: Gospoja ot Mirič, molim na jednu reč.

FEMA: Zapovedajte.

SARA: Ne bi škodilo, kad bi u kujnu otišli, da vidimo šta se radi; da se ne presoli supa, da se sarma kako treba zapri, da ne pregore pečenje.

FEMA: O, iz drage volje, ako zapovedate.

SARA *(Ružičiću, koji se međutim pustio u misli)*: Mon frer, skoro je podne; mi idemo da uredimo, vi međutim dođite.

FEMA: Zapovedajte, alabunar. *(Otidu.)*

## IX

### RUŽIČIĆ (sam)

RUŽIČIĆ: Kleči preda mnom? Kleči Ledo, tako muza svoje ljubimce dižet, tako ih slavom uvenčava. No zašto ja ne bih parni duh na visprena krila digao, zašto ja ne bih neisčerpajemi istočnik otvorio i slavjanskim jazikom duh zemnorodnih u voshišćenije privodio? — Zdravstvuj zemlje raznimi preizpeščrena cvetmi; blažen vsjakij v perseh tja nosjaj. Gdje jesi vozljubljenaja Ledo, da uzriši, kakovij šećer voznositsja vo jazicje ljubjašćago tja ženiha. No da ugledu, kakovij mnje dar prinela. Čto jest sije? Burmutica, nepotrebna mnje; ne dostojit bo visokoparjašćemu pjevcu burmut šmerkati, poneže ni jedina muza to že sotvori. Sej sat da budet soputnik mislej mojih. — No čto glagolju? Potrebno jest, da sočinu jedinuju pjesn k prestojašćemu toržestvu; i poneže pjenjazi ne imjeju, da pojdet sej sat u zalog, da bih vozmogl pečatati sej epitalamium. Sije da budet i so burmuticeju.

## X

### JOVAN, RUŽIČIĆ

JOVAN: Vraško pečenje, kad sam se jedanput kurtalisao. Ali kakav je ovo grabancijaš? Izgleda kanada je po Banstolu putunju nosio.

RUŽIČIĆ: Kogo iščeši gorjašćimi očesi tvojimi?

JOVAN: Aha! Ovaj je Slovak.

RUŽIČIĆ: Nesmislenij, dažd mi otvjeta.

JOVAN: Pani, prosim poniženje, ja sam buo šegrt kod moje majstorice, a teraz sam avandžiral; už sam postal bedinter.
RUŽIČIĆ: Da prilpnet jazik gortani tvojemu.
JOVAN: Pani, prosim ih peknje, iz koje su oni stolici? Bohu prisam, ja sam mnoge Slovake poznaval, ale taki razgovor ne ču sam.
RUŽIČIĆ: Vjesi li ti, čto jest jazik slavjanskij?
JOVAN. Hej, ja sam buo do Levoči.
RUŽIČIĆ: Duše gluhi i nemi, o gramatičeskom jazice glagolju ti.
JOVAN: Čert me vze, ked znam, čo povjedaju oni.
RUŽIČIĆ: Magarac!
JOVAN: Aa, to razumem, tak ima uši kako čert.
RUŽIČIĆ: Čto uže sotvorju s otmenijem sim roda čelovječeskago!
JOVAN: Ovo je belaj na moju glavu.
RUŽIČIĆ: Dovljejet. *(Pokaže mu sat):* Vjesi li, čto jest sije?
JOVAN: Len su to hodinski, Bogu prisam, su pekni.
RUŽIČIĆ: A čto jest sije? *(Pokaže burmuticu.)*
JOVAN: To je tak že peknje, to se vola burmutica.
RUŽIČIĆ: Vsjačeski. Obače ne vjesi li, kim obrazom mogl bi az maloje pjenjaz čislo pod lihvoju na sija vešči polučiti?
JOVAN: Hej panovi, buđete kupit' jedin pekni lanac za penjazi, a potom buđete obesit' i buđete znat' kelko je hodini, a potom buđete štakulu, alebo burmuticu napunit' s burmutom, i buđete šmerkat' kako jedin mocnij pan.
RUŽIČIĆ: Magarac, šta bulazniš?
JOVAN: A gle, vi znate srpski, pa šta me mučite tuđim jezikom.
RUŽIČIĆ: Bezumne, ne znaš šta je sladost. To sam slavjanski kazao; bi li mogao ovaj sat i burmuticu gdegod založiti za deset forinti?
JOVAN: Ako mi štogod date, mogu.
RUŽIČIĆ: Ne staraj sja, daću ti forintu.

JOVAN: To je lepo. *(Uzme burmuticu):* Ala bi ovo bilo za mene. *(Otvori je i nađe reškontu):* Šta je ovo?

RUŽIČIĆ: Soderži to, to je obligacija za onu forintu.

JOVAN: Hajde, ne branim.

RUŽIČIĆ: Uže djelo soveršeno jest.

JOVAN: Už' buđet ist' dostat' penjazi.

RUŽIČIĆ: Ješče jedino. Da ne urazumjejet niktože, jako pod lihvoju vzjal jesm.

JOVAN: Buđe, buđe.

RUŽIČIĆ: Molčanije jest krasnjejšaja dobrodjetelj junoši.

JOVAN: Už' buđem pitat', už' buđem pitat'. *(Jedan na jednu, drugi na drugu stranu otide.)*

# DEJSTVO TREĆE

## I

**FEMA sasvim u crveno obučena, sa šeširom na glavi, spustila val preko lica i naslonila se na ruku, koketirajući, SARA**

SARA: Madam de Mirič, vi ste se jako zamislili.

FEMA: Komi fo. Nije to šala, ma šere; ja sam gospođa vilozovica. Kažite mi, ma šere, koja je još tako srećna? Nije to mala briga, ma šere, da znam s kim ću se mešati i u čije ću društvo odlaziti.

SARA: S groficama, s baronicama, ma šer, to je vaše pravo društvo.

FEMA: Alabunar, ali vidite, da se sad svaka šuša kiti. Šta će biti, da se s kojom u neznanju pomešam, ili da se još poljubim? Nisam ja od onih, što na moj karakter ne pazim.

SARA: Siperb, siperb, vi vašem rangu čest pravite. Ali kažite mi, madam de Ružičić, kad će biti veselje, kad će se jesti, piti, unterhaltovati?

FEMA: Ja moram ili drugu kuću načiniti, ili gdegod za vreme pod kiriju uzeti. Šta mislite vi, ma šere, kad mi dođu madame na vizitu? Ne mogu se ja rezonirati kao kakva paorka; ja sam vilozovica, ma šere. U jednoj sobi treba da se ruča, u drugoj da se unterhaltuje, u trećoj se vizite primaju. Još mi nisu ni karuce gotove, nisu konji kupljeni.

SARA: Sad vam ne šmajhlujem, vi vrlo lep gust imate.

FEMA: Mora se doneti iz Beča karte za punišake i marjaše. Moram beštelovati drombulje za koncert. Moram sebe u rezon dovesti, nema još gde će se vući za zvonce, gde će se sveće paliti.

SARA: Luster; šarmant, šarmant!

FEMA: Šta vi mislite, nije to šala. Ja sam gospoja vilozovica. Koja još u varoši ima takvu titulu? Svaka mi mora triput načiniti vizitu, dok ja njojzi jedanput. Ako ne dobijem prvi stol, ja neću u stol ni ulaziti. Nisam ja ćiftinica, ma šere, ni krpinica, nego gospođa, frau fon, što ima pedintere sa portupetom.

SARA: Šarmant, ma šer, šarmant!

FEMA: Nisam ja naučila badava francuski, nisam ja dala zabadava moj sat na reparaturu i kupila šteker; nego da se odlikujem. Samo grofice i baronice mogu biti meni ravne.

SARA: Prekrasno, prekrasno, verujte, vas će sav nobles vrlo uvažavati.

FEMA: Kamo sreća da mi je takva i ona drnda, moja kći, da se ne moram bar od nje stideti.

SARA: A, popraviće se mamzel, verujte mi, ma šer.

FEMA: Ako se ne popravi, ja ću nju batinom doterati. Neće ona mene stramotiti. Neće mider, neće cvet u ruci, da šta ćeš, plug? Krmačo jedna, čekaj, naučiću ja tebe; ako si nobl, moja si, ako nisi, a ti bestraga!

SARA: Siperb, siperb.

FEMA: Nisam ja od onih, što ne paze na sebe. Gledam, Bože moj, gdekoje velike gospođe, grofice, baronice, pa i ne paze šta su. Idu prosto obučene, sa svakim se razgovaraju, one se još prve klanjaju. Čisto se ja stidim. Blago onom, koji je od nature na nobles stvoren. Eto mi je rođena kći, pa kakva razlika od mene?

SARA: Cela istina. Ali apropo, madam de Ružičić, kakve ćemo haljine za venčanje?

FEMA: Ja sam dvadeset pari naručila, ali moram još tri za jašenje.

SARA: Amazon-klajder, šarmant.

FEMA: Moj je osobiti pasion, znate, jašiti. Istina, ovde se takovo što i ne vidi, ali ovde i nema pravih noblesa.

SARA: Ma šer, to je u Parizu samo u modi. Verujte mi, vi ćete veliku paradu s tim učiniti.

FEMA: Moram i jednog konja iz Pariza beštelovati, zašto ovi naši nisu za taj posao. Juče sam htela jednog probirati, ali to je pravi gurbijan bio. Tako me je bacio, da sam svo koleno odrla.

SARA: Gledajte vi, to je bezobrazluk nobles uvrediti. Ali molim, meni je tako nešto mučno, ne bi li dobro bilo po jedan šolj kafe, je l'te, i vami se prohteva?

FEMA: Komi fo. Žan! Aport! Johan, Hanc, Žan!

## II

## JOVAN, PREĐAŠNJE

JOVAN: Evo me, majstor— *(Stisne usta):* Da ti đavo nosi takav jezik, kad sve na bedu ide!

FEMA: Gurbijan, ti nisi rođen za pedintera, nego za kakvog šegrta.

JOVA: E, a znate, kako mi je pokojni majstor...

FEMA: Pst! Bezobraznik, kakav majstor? Ne znaš reći pokojni gospodar, ili gospodin.

SARA: On govori o vašem suprugu?

FEMA: Da! Imao je, znate običaj katkad s opancima unterhaltovati se, budući da mu je doktor tako sovetovao, a bezobraznici su izneli da je sam pravio opanke.

JOVAN: E, nego nije! Gledajte, još su mi ruke ispucane.

FEMA: To je gurbijan! Može biti da je katkad i probirao, ja vam slabo za to i znam, jer sam vam sve jednako u sobi sedela kod moga štrikeraja.

JOVAN: A, baš pogodiste! Koliko ste redi bosi i sa mnom zajedno rastezali kože.

FEMA: To je impretinencija!

JOVAN *(produži)*: Pa znate li, majstorice, kad vas je pokojni majstor oklagijom čak u podrum oterao, što niste hteli raditi?

FEMA *(skoči)*: To je bezobrazluk! Taki mi se vuci ispred očiju, jer ću ti svu kosu počupati, nitkov jedan, ko te pita za to?

JOVAN: E, lako je vama, jer ste utekli u podrum, ali ja siromah! I sad me svrbi, kad se setim, kakav sam boj za to izvukao.

FEMA: Da si vrat slomio, kad si takva nesreća.

SARA: Ovaj se momak vidi grubijan biti, ali zato se vi nemojte ljutiti, nego molim, izvol'te za onaj šolj kafe.

FEMA: Nitkov, zaopucao me s njegovim pripovetkama, te sam sasvim na to zaboravila. Vuci se kod Anče, neka skuva dve šnole crne kafe!

JOVAN: A neće biti dobro tri.

FEMA: Nitkov, čuješ moju zapovest?

JOVAN: Hajde, videćemo. *(Pođe)*: Oho! A znate šta je novo majstor — gospođa? Našem žutovu prebili nogu.

FEMA: Kakvom žutovu?

JOVAN: Lamuru.

FEMA: Šta, koji je taj gurbijan bio, što je moga lamura dirao?

JOVAN: Gnjavio je kapova gospodina Petriča i udavio pudlu jednu, pa su mu zato prebili nogu, i još mu prete, da će ga ubiti dati.

FEMA: A, to je gurbijanstvo. Žan, priveži mu nogu, pa ga donesi ovde na kanape. *(Sari)*: Nek sedi sa Fineskom.

SARA: Šarmant.

JOVAN: Bre, ako on ne smrsi i Fineski vrat, da nisam koji sam!

FEMA: Misliš ti da je on gurbijan kao ti?

JOVAN: Hajde, videćemo.

FEMA: Neće njemu više niko nogu skr'ati. *(Pokazuje na kanape)*: Tu je njemu mesto. Propopo Johan, donećeš ćilim da prostremo ovuda *(pokazuje astal)*.

JOVAN: A na šta ću posle ja spavati?

FEMA: To je gurbijan; ja mu govorim za nobles, a on hoće da spava.

JOVAN *(vrti glavom)*: Da nešto ustane pokojni majstor.

FEMA: Opet ti?

JOVAN: Ala bi nas mlavio. Sve bi se preko ćilima i žutova prevrtali. *(Otide.)*

SARA: Šaljivo se momče vidi.

FEMA: O, molim vas, gurbijan je odveć, ništa ne pazi šta će reći.

SARA: Ništa, to ne treba da vas interesira.

FEMA: Mene i ne atresira, ali mi je čudo, gde gurbijan govori ono što je već prošlo.

### III

### MITAR, PREĐAŠNJE

FEMA: Uh, uh! Opet mi dolazi na vrat. *(Metne maramu na nos.)*

MITAR: Boga ti, Femo, došao sam da te pitam šta si poludela, te praviš komedije po kući. Šta si se narogušila kao patak na kišu, je l' to lepo, što činiš, je l' to pametno?

FEMA *(Sari)*: Je l'te da smrdi ovaj?

SARA *(metne maramu na nos)*: Vrlo. Ko vam je to?

FEMA: Moga brata kočijaš.

MITAR: Šta ste zapušile noseve, kanda ste se uvonjale. Govori što te pitam, ili ću drugojače početi.

FEMA: Komi fo! Komi fo! Ovde se samo po modi govori.

MITAR: O, đavo ti odneo i tu modu! Kakva te moda snašla, nesrećo, kad ti stoje ruke ispucane kao panjevi. Ko te vospita na modu? Valjda što si služila? Sram te budi! Obajgoro jedna, lepu si mi čest učinila, i celoj familiji. Dobila si krasnog muža, pa ga nisi znala čuvati, nego si ga donde čangrizala i jela, dok se nije sdoksao.

FEMA *(Sari)*: Sin sunzer, ser tuzer.

SARA: Uj!

FEMA: Seper se lepr.

SARA: E bien!

MITAR: Bre ako uzmem toljagu, sad ću ti dati sepr lepr, te ćeš se krstiti. Krmačo jedna, obezobrazila si se kao vaška!

SARA: Fidon! Ovaj je gori grubijan nego prvi.

FEMA *(dipi)*: Ta ja neću ovo u mojoj kući trpeti. Ko si ti, šta tražiš ti ovde? Marš iz moje sobe, hinauz, marš, aport!

MITAR: Šta, ti ćeš me još isterati? A ne znaš li, nesrećo, kad nisi imala šta jesti, nego si se oko mene kao kučka šunjala?

FEMA: Što sam bila neću da znam, ali što sam sad, to ti ne možeš biti, da ti se još jedanput nos poduži. Marš, ja te ne pripoznajem za moga brata.

MITAR: Ja te opet tražim. Zaista, veliku mi čest i praviš! Samo sam došao da uzmem onu devojku, pa onda kad zapitam za tebe možeš se pohvaliti.

FEMA: Sižer, tužer, ti ćeš moju devojku uzeti?

MITAR: Nego šta, da je načiniš takvom kao što si ti?

FEMA: Kakva sam, takva sam, za sebe sam, i ona je moja, videću, ko se sme usuditi odvesti je.

MITAR: Da vidim, smem li ja?

FEMA: Samo je dirni.

MITAR: Samo pristupi, pa ću ti obadve noge prebiti, nesrećo jedna! *(Otide.)*

FEMA: Pogani paorski rod, nikad me neće Bog od njega kurtalisati.

SARA: To je veliko grubijanstvo!

FEMA: Došao da mi vodi devojku, na čast mu, nije ni ona bolja od njega. O, moj dragi! Lako ću ja bez vas živeti, ali kako ćete vi bez mene. Doći će vreme, ljubićete vi mene u ruku i molićete, da vas poznam. Marš, takvo đubre meni ne treba!

SARA: Šarmant, šarmant!

FEMA: Šta vam se čini, jesam li ga lepo ispratila?

SARA: Komi fo! Meni se činilo, da moju graficu gledim. I ona je imala običaj katkad ljutiti se, ali to joj je tako lepo stajalo, tako lepo, ja vam ne znam kazati.

FEMA: Komi fo! Ne bi li dobro bilo malo proći se, dok kafa gotova bude.

SARA: Šarmant, vi vrlo lepe ainfele imate. Alaboner! To će biti komocija vrlo prijatna za jauzn. Dakle izvol'te. *(Otvori vrata.)*

FEMA: Molim, vi ste gošća.

SARA: Vi ste blagorodni.

FEMA: Molim!

SARA: Molim! *(U smešnom komplimentiranju obadve najedanput iziđu.)*

## IV

### EVICA sama u bašti, zalivajući cveće

EVICA: Moje milo cvetance, ti ćeš mene srećnom učiniti. Vasa mi je obećao ovamo doći, i ja ga svaki čas očekivam. Ah Bože, kad ću ga mojim Vasom nazvati? Onda ću mu tepati, pa ću ga zvati Vasilicom! No moja, Bože mi oprosti, materentina, zaludela se za onom babuskerom, pa i ne gleda na njega. Šta to tamo šušti? Ah, moj Vasa, moj Vasa!

## V

### VASILIJE, kao izvan sebe

VASILIJE: Evice, ha moja lepa, medena, šećerna Evice, hodi, Evice smokvena, cukerpokerajska Evice, da te poljubim i još jedanput, i još jedanput. Ja sam srećan, ti si moja, gledaj me, ja igram od radosti, ti si moja, hodi da te poljubim. Ja sam tvoj.

EVICA: Šta je tebi, Vaso, ti kanda nisi pri sebi.

VASILIJE: I nisam, vere mi; ja sam na nebu, u raju, s tobom, mojom milom, bademskom, alvenskom Evicom.

EVICA: Ja te ne razumem ništa. Šta ti se dogodilo?

VASILIJE: Još pitaš? Ne možeš sama da se setiš? Dvanaest hiljada forinti. Jesi li čula? Dvanaest hiljada, to će biti život, to će biti grljenje, evo ovako, evo ovako. *(Grli je.)*

EVICA: Ja ne znam ništa, gde su ti novci, i otkuda su ti?

VASILIJE: Gde su mi, otkuda su mi? Daj samo reškontu, pa ćeš videti. Do po sata pune tri kese dukata doneću ti.

EVICA: Al' ćedu biti žuti! Blago nama!

VASILIJE: Sad daj reškontu, ne mogu više da čekam.

EVICA: Kakvu reškontu?

VASILIJE: Zaboga, reškontu, ja sam je kod tebe ostavio.

EVICA: Nisi ti meni nikakvu reškontu dao.

VASILIJE: Kako ti nisam dao, kad je ostala u tvojoj ruci? Daj ovamo, nemoj me toliko mučiti.

EVICA: Ti snivaš, ja ne znam ni za kakvu reškontu.

VASILIJE: Ha! Eto ženske vernosti! Evice, to je lepo. Tako li ti mene miluješ? Daj reškontu, zaboga, nemoj me ubiti!

EVICA: Ja ne znam šta si ti poludeo.

VASILIJE: Poludeo. *(Plače):* Da, poludeo, pravo kažeš, lud sam i bio, što sam takvu omilovao. To je lepo, da ubiješ siromaha momka. — Evice, ja znam da se ti šališ; samo hoćeš da me namučiš, daj reškontu, da primim novce, pa onda uzmi koliko hoćeš.

EVICA: Ubio me Bog, ako znam o kakvoj reškonti!

VASILIJE *(legne na zemlju):* Oh, sad sam nesrećan! Sa svake, kukavac, strane stradati moram.

EVICA: Čekaj malo, Vaso.

VASILIJE: Idi, ti si otrov, ti si zmija pred mojim očima.

EVICA: Ta čekaj, kad ti kažem. Kaži mi, šta je to reškonta, jede li se? Kako izgleda da vidim.

VASILIJE: Ne znaš, ona plavetna hartija, što sam ti dao u majstor-Mitrovoj kući, kad nas je tvoja mati zatekla.

EVICA: A, to je kod mene u burmutici. Čekaj, sad ću ti doneti. *(Otide.)*

VASILIJE *(đipi):* Šta, kod tebe je, i ja sam te tako osramotio! Ah, Vaso, šta učini! Kako ćeš joj u oči pogledati? No, ja ću nju moliti, ona je dobra, ona će mi oprostiti.

## VI

### EVICA dođe lagano, pa sedne

VASILIJE: Gde je Evice?
EVICA: Ubij me!
VASILIJE: Šta?
EVICA: Ubij me!
VASILIJE: Gde je reškonta?
EVICA: Izgubila sam.
VASILIJE: Oh! *(Sedne.)*

EVICA: Ah!
VASILIJE: Šta ću sad?
EVICA: Ti si magarac, što si mi dao.
VASILIJE: Ti si magarica, što si je primila, kad nisi vredna bila čuvati.
EVICA: Sad neću moći načiniti haljine po modi i — i — i! *(Plače.)*
VASILIJE: U— u — u! Sad te opet ne mogu uzeti.
EVICA: Ja ću skočiti u bunar.
VASILIJE: Ja ću se ubiti.
EVICA: Ja luda, što sam je tamo ostavila.
VASILIJE: Gde si je, do trista vraga, ostavila?
EVICA: U burmutici. A moja nesreća mati dala filozofu.
VASILIJE: Šta, filozofu? Kod filozofa moja reškonta? Čekaj malo! *(Pođe.)*
EVICA: Vaso!
VASILIJE: Neće se pedalj od mene maknuti, dok mi reškontu ne da. Nije on snio numere, nego ja.
EVICA: Stani malo, Vaso, meni nešto na pamet pade. On je mene i tako prosio, da se učinim u njega zaljubljena, valjda ću mu lakše moći izvarati.
VASILIJE: Šta, u njega zaljubljena; tu šalu ja neću da probam.
EVICA: Zar se ti sumnjaš o meni?
VASILIJE: Ja se ne sumnjam, ali...
EVICA: Nemoj ludovati, molim te, ko bi na onog bivola pogledao. Evo ga gde ide, baš dobro. Idi se ukloni, dok ja s njim svršim.
VASILIJE *(strašivo)*: Evice, nemoj se šaliti, ti znaš da me to vređa. Ja ću biti blizu, jesi li čula? *(Udalji se.)*
EVICA: Ah Bože, sad mi pomozi!

## VII

## RUŽIČIĆ, EVICA

EVICA: Službenica ponizna, svetli gospodin filozof.

RUŽIČIĆ: Mir tebe, Heleno, očesa tvoja zvjezdonosno bleščat.

EVICA: Meni je vrlo žao, što ne mogu vašim jezikom govoriti, no ja ću se postarati, da što skorije naučim.

RUŽIČIĆ: Izjaščno, izjaščno! (Koje različije meždu jeja i materi jeja.)

EVICA: Ja nisam znala ceniti filozofe, no sad kako sam razumela kako su u velikoj slavi i česti, volela bih i sluškinja biti kod filozofa, nego za sebe prva gazdarica.

RUŽIČIĆ: Ne podobajet li sej soputniceju biti života Svjatozarja Rozičiča?

EVICA: Visokorodni gospodin filozof, kad bih srećna bila još jedanput vaše oči na mene obratiti, volela bih, nego najlepši vikler.

RUŽIČIĆ: Heleno moja, lice tvoje diže te daže do udivlenija, dopusti preljubeznaja Heleno, da toržestvo ovo poljupcem ukrasim. *(Na ovu reč Vasilije izbulji glavu.)*

EVICA: To ćete onda moći učiniti, kad srećna budem vaša žena biti.

RUŽIČIĆ: Ne žena, vozljubljenaja Heleno, no nimfa ljubjaščago tja Svjatozarja.

EVICA: Ja se radujem. I zato želim da vam kakav dar spravim.

RUŽIČIĆ: Najvispreniji neba dar jest stihotvorstvo.

EVICA: Molim, jeste li što od moje matere dobili?

RUŽIČIĆ:

*Mati jest panj stari*
*So svojimi dari.*

EVICA: Niste li kakvu burmuticu dobili?
RUŽIČIĆ:

*Dafno moja, zri moje lice,*
*Nedostojno tože burmutice.*

EVICA: Molim vas, niste li kakav plavetni papir našli?
RUŽIČIĆ:

*Rujna boja ružice*
*Ružičiča jest to lice.*

EVICA: Molim, slatki gospodin filozof, ja to nisam razumela, ne bi li dobrotu imali prostije mi kazati.
RUŽIČIĆ: Najprostije jest to, da ja za nikakovu boju ne znam kromje crvene.
EVICA: A gde je burmutica?
RUŽIČIĆ: Otišla je vo svoja si.
EVICA: Ej, teško si ga meni! *(Otrči.)*
RUŽIČIĆ *(sam)*: Njest li sija bolja od matere jeja? Voistinu, sej obraz jest idilskago života, siju da vozmu az v suprugu, ne mareći, čto so materiju jeja budet.

## VIII

### SARA, FEMA, BIVŠI

SARA: Službenica, službenica, kako, vi sami?
FEMA: Komi fo! Mi smo na vas zaboravile.
RUŽIČIĆ: Kolero zemli, lice tvoje jest predjel rugoti.

SARA: Moj gospodin rođak ima volju sve visoko govoriti. Ko vas je sad razumeo?
RUŽIČIĆ: Kažem za gospoju Mirič kako izgleda, kanda dvadeset prvo dete doji.
SARA: Ha, ha, ha, naš mladoženja hoće svoju suprugu s komplimentom alaboner da probira!
RUŽIČIĆ: Šalu provodjat bozi, stihotvorec prirodu izobražaet; gledajte, kako joj belilo na obrazu stoit.
SARA: Ha, ha, ha! Ma šer, jedva čeka prsten.
RUŽIČIĆ:

*Gdje kći svoja dražesti pokazuet,*
*Tamo mater vjenčanje ne čekaet.*

FEMA: Šta, gospodin vilozov, šta vi govorite?
RUŽIČIĆ: Svojstvo jest pjesnoslovca vešči podrobno opisati, zato se vi i ne možete razsrditi. Vidite kako ste godinama otjagoščeni, da se misli da ste tristaljetnago Nestora supruga, s druge pak strane izgledate kao Rabenerova satira. Zato ustupite kćeri vašoj sladost bračnago vjenca.
FEMA: To je inpretinencija tako štogod meni u oči reći.
RUŽIČIĆ: Nesmislene, da mi još platite da vas u stihovi opišem.
FEMA: Ja moju kćer ne dam.
RUŽIČIĆ: Bićete prevraščeni u blato kao Licijanci.
SARA: Ha, ha, ha! Ja mislim, da se naši zaljubljeni nećeju posvađati.
RUŽIČIĆ: Rozičič ostaet pri svoemu predprijatiju postojan.
SARA: Nemojte praviti komedije, mon frer.
RUŽIČIĆ: Muza moja više za previsprenim tragedijama težit, ne želi za tihotekuščim komedijam.

FEMA: Gospodin vilozov, a zašto sam ja otoič pala u nesvest? Zašto sam toliko koplamenta pravila? Zašto sam ja po tri sata nameštala usta na ogledalu?

RUŽIČIĆ: Ne gnjevajtesja, ne gnjevajtesja, tako Ariadna gnjevalasja, no az vam kažem, da az ne mogu privolitisja da s vašeju rugotoju dne provodim. Svjatozar Rozičič, pjesnoslovec, dostoin jest da lepšu uzme.

FEMA: Ta trista te vraga...

SARA: Pst! Ne šalite se vikati, on ima takvu narav.

FEMA: Bre ale ga odnele, neće on mene sramotiti! Napolje iz moje kuće!

RUŽIČIĆ: Ne banč, ne banč.

## IX

## BIVŠI, MITAR

MITAR *(Femi)*: Nesrećo i pogani, imaš li pameti? Šta si naumila s kućom, more misliš li ti ostariti?

FEMA *(metne maramu na nos)*: Uh opet mi došao, da mi smradi nos.

MITAR: Šta se zamotavaš, pogani jedna! Ja ti smrdim, a kako ti je bilo, kad si kože gazila? — Zar ti nije muž dosta novaca ostavio, nego i stvari da zalažeš? *(Izvadi sat i burmuticu)*: Šta si imala šiljati ovo kod mene?

RUŽIČIĆ: Nesmislene, da pril'pnet jazik gortani tvojemu.

FEMA: Šta je tebi za to, što sam ja to drugom poklonila?

MITAR: Poklonila nesrećo, a jesi li stekla? Šta traže ove stvari kod mene za deset forinti?

FEMA: To nije istina.

MITAR: Nije istina? *(Viče)*: Jovane, Jovane!

JOVAN *(ulazi)*.
MITAR: Govori otkuda ti ovaj sat i burmutica?
JOVAN: Ja ne smem da kažem.
MITAR: Ne smeš! *(Ćuši ga):* Ko ti je gospodar? Govori, kad te pitam!
JOVAN *(uhvati se za uvo)*: Dao mi je gospodin filozof.
RUŽIČIĆ: Bezumne i nečestive, čto sam zapovjedil da niktomuže ne otkriješ!
JOVAN: Ale pre pana Boha, ne viđiće že me bije.
MITAR: No, moja lepa sestro, ded sad!
FEMA: Ja sam njemu sat poklonila.
MITAR: Poklonila, a zašto da mu pokloniš?
FEMA: Ja sam htela poći za njega.
MITAR: Šta, bezobraznico, za njega da pođeš, a ko je on, šta je on, otkuda je?
RUŽIČIĆ: Nesmislene, ne dostojit tebe jazik vložiti na muz ljubimca.
MITAR: Šta, šta?
RUŽIČIĆ: Az jesm pjesnoslovec i niktože nado mnoju.
MITAR: Ta ovaj je lud, ovo je vantasta.
RUŽIČIĆ: Fantazija jest dar nebesnago suščestva.
MITAR: Šta, ovaj se još fali što je vantast; na moju dušu lud čovek; gle kako i govori!
JOVAN: E, majstor-Mitre, samo ja mogu s njime na kraj izići! Či je tak' panove? Mi sme druzja.
RUŽIČIĆ: Da porazit tja Vulkan molnijeju svojeju.
JOVAN: A, to i ja ne razumem.
MITAR: Ko će razumeti ludog čoveka. Ej Femo, ej Femo! Teško tebi, teško tebi!
RUŽIČIĆ: Gore tebje Izraile!

## X

## EVICA, VASILIJE, PREĐAŠNJI

EVICA: Ah, ujo, dobro kad smo vas našli, molim vas, vi nam pomozite. Moj je Vasilije dobio lutriju, ali je reškonta u ovoga gospodina filozofa.

MITAR: Aa, filozof je ovo? Zašto vi ne date momku što je njegovo?

RUŽIČIĆ: Heleno moja, tvoje, hm, hm, lice vozgrjevaet moje, hm, hm, serce.

MITAR: Bre govori ljudski, zašto ako te okupim, nećeš se znati ni ti, ni tvoj jezik. Reškontu daj ovamo!

RUŽIČIĆ: Da pretvoritsja v kamen moje tjelo, ašče znam za kakovu reškontu.

EVICA: Nije li vam moja mati dala s burmuticom?

RUŽIČIĆ: Dafno moja, zri moje lice, nedostojno tože burmutice.

VASILIJE: Ah, moji lepi dvanaest hiljada!

EVICA: Ujo slatki, nemojte ga puštati, nije mala suma. Naterajte ga, da nam vrati, daćemo i njemu štogod, je l' Vaso?

VASILIJE: Sto forinti. Samo da nam da.

EVICA: Vidite kako moj Vasa dobro misli.

MITAR: Dakle napolje s reškontom.

RUŽIČIĆ: Faraonovi potomci, razumjejte mja, ne znam ni za kakovu reškontu.

EVICA: Ne znate onu malu plavetnu hartiju ispisanu.

RUŽIČIĆ: Nikakože.

JOVAN: Da ne bude ova? *(Pokaže reškontu.)*

VASILIJE: Ha! *(Zagrli ga):* Slatki, medeni Jovane!

EVICA: Kod Jovana reškonta. Ah, ah, kako si je našao?

JOVAN: Dao mi je ovaj filozof.

RUŽIČIĆ: Bozi, vskuju az ne vjedal toje.

JOVAN: Hej panove, ked bisme mi vjedali, za raz bisme ot'šli i vzali pjenjazi, a potom bisme kupili ruhu.

VASILIJE: Jovane, slatki Jovane, pet stotina forinti — to je malo, osam stotina forinti — hiljadu forinti imaš od mene. Ti si mene srećnim učinio. Majstor-Mitre, ovde imam dvanaest hiljada primiti, jesam li sad zaslužio Evičinu ruku dobiti?

MITAR: Jesi moj sinko, ti si se uvek pošteno vladao, i samo ti je škodilo što novaca nisi imao. No evo, hvala Bogu, i toga si dostao. Sad možeš biti moj zet.

FEMA: Šta, tvoj zet, a mene niko ne pita, kad se moja kći udaje.

MITAR: E, ti si od velike familije, ko se sme s tobom mešati. Samo filozofi se mogu s tobom razgovarati, drugi niko.

VASILIJE: Slatka majstorice.

FEMA: Majstorica, nitkove, valjda sam ti kože činila.

MITAR: Nego nisi. Znaš šta je, Femo, Vasa neka uzme Evicu, a ti pođi za filozofa.

FEMA: Nek ide bestraga, ja ga ne trebam.

MITAR: Zašto? Vidiš kako je lep, kako je odeven i novčan. Sram te budi, šta si počela! Zašto ne raspita najpre, ko je on i šta je? Ne verujem da mu i imena znaš.

FEMA: Svetozar Ružičić.

MITAR: Ružičić, Ružičić, da ne bude taj što je služio u dućanu kod Jelkića i štetu učinio? On je, na moju dušu, zašto smo čuli, da se posle nekako na nauku dao. Ej Femo, Femo! A ko ti je to do tebe, otkuda je ta opet?

SARA: Ja sam gospoja Sara od Mladenić, supruga pokojnoga gospodina Mladenića, koja sam čest imala kod grafa i kod grafice Švarc na desnoj, vrlo retko na levoj strani biti.

MITAR: Aa, sad mi pada na pamet, koliko sam je puta video, kad sam pokojnom grafu čizme pravio. Tu je ona bila kuvarica. — Moja Femo, stidi se, kakvo si društvo izabrala.

FEMA: Ja ne mogu biti paorka kao vi.

MITAR: U čemu ti misliš da si bolja od nas?

FEMA *(pokaže mu sat)*: Ko još ovo nosi? To se zove nobles, a ne prati sudove.

MITAR: E, ako hoćeš ti na to, to je moja žena od vas sviju najveća pomodarka, zašto ona nosi klepetušu oko vrata, a to je samo u Londonu običaj.

FEMA *(Sari)*: Može to biti, ma šere?

SARA: Uj, žurnalu nema granice.

FEMA *(uspijajući)*: I ja mogu tako isto nobl biti kao Engleskinje. Jokan, da mi kupiš jednu klepetušu, samo koja dobar glas ima.

MITAR: Da, samo koja dobar glas ima, da se izdaleka čuje, da je Fema luda. Poganije ženske, šta mislite vi, šta je to moda? Jedan ima guke oko vrata, pa met'o krogn, da zakloni svoju bolest; a drugi to taki za modu uzimaju. Jedan ima krive noge, mora da ih zakloni s pantalonima; hajde, to je moda. Jedna stoji kao petačka, raširena i neotesana, mora svoju masu malo da utegne, pa daje načiniti mider, to je sad moda; i one koje kao trska stoje moraju da se utegnu, ne paze(ći što s tim zdravlju svom škode. Jedna nema kose, uzima tuđu, da svoju rugotu sakrije; e, i to je moda; hajde pravi lokne, natrkači ih na oči, makar vid izgubila, i makar kako stajalo, to mora biti, tako hoće moda.

FEMA *(Sari)*: Hi! Hi! Hi! — Sun paurentr.

SARA: Uj!

FEMA: Jedanput zasvagda, ko je nobl, onaj je moj, a ko nije, marš aport! *(Pokazuje na Vasilija.)*

VASILIJE: Milostiva gospoja, komi fo, komi fo, ja imam dvanaest hiljada, mogu biti nobl, samo mi dajte Evicu.

SARA: Šarmant, ma šer.

FEMA: A, komi fo, zašto nisi odavno kazao da si nobl, pa bi dobio Evicu.

VASILIJE: I ona je moja?

FEMA: Uj, samo pod tim ugovorom, da s njome francuski govoriš.

VASILIJE: I turski, ako hoćete, samo kad je moja.

FEMA: Da vidimo. Les fines, les lamors.

VASILIJE: Lius, pius, bonus, azinus, porkus, mus, urbanus.

FEMA: Pravo, pravo Vasiles. Ti si moj zet.

VASILIJE: Zacelo?

FEMA: Nobles lukte nit!

MITAR: No, sad vidim da si pametan, Vaso, s ćurkama i ne možeš drugojače, nego magareći, povtori joj još nekoliko puta one njene kravlje reči: miko, miko, pa će i kuću zapaliti. Eto šta čini moda.

JOVAN: Majstorice, sad imamo mi dvoje proces. Kažite vi meni, ko će mi platiti što sam bio kod vas pedinter, jer kako vidim, majstor-Mitar neće me više ovakvog trpeti.

MITAR: Ti da radiš, nitkove, a ne da skitaš!

JOVAN: Ali moja služba?

VASILIJE: Jovan ima od mene hiljadu forinti.

JOVAN: E, ali mi je majstorica još i Anču obećala.

MITAR: Ako spopadnem onu toljagu, sad ću ti Anču dati, te ćeš se krstiti. Nitkov, kad svršiš zanat, onda se možeš ženiti.

JOVAN: Ali onda, mogu li uzeti Anču?

MITAR: Uzmi, ako ćeš i svraku, šta marim ja.

JOVAN: Pravo, Ančica moja. Ihuhu! *(Udari Ružičića):* Panovi čo su se zmrzli; veru, treba bit' veseli.

RUŽIČIĆ: Duše nečastivi, očesa moja zrjat premjenenije ot stojaščih gromno bezakonije.

MITAR: Slušajte, deco, ja vas kao star mogu malo i poučiti. Dobro upamtite od Feme kako je zlo, kad prost hoće da digne nos na visoko. To baš tako liči, kao kad bi krmača vikala: „Molim vas, metnite mi sedlo, meni to lepo stoji. Ja mogu biti kamila." A ti, Femo, svaki dan da proučiš onu poslovicu: „Nema ti gore, nego kad se tikva pokondiri", pa unapredak teraj ovakove od sebe *(pokazujući Saru)*.

SARA: Šta je to! Madam de Mirič, vu mave tužur fe tan damitije.

FEMA: Alabunar, ke sant de mekarabl, an danter tu.

MITAR: A gle Feme jako!

FEMA: Sunt moj bratandr gurbijan velikandr.

MITAR: Uzminder ti kožender, pa pravider opankender. — Femo, pamti srpsku poslovicu, kad se tikva pokondiri. A vi gospodin filozof, šta li ste, da i vama kao prost štogod kažem: čovek ma kako da je učen i školat, ako nema pameti, sve je malar.

RUŽIČIĆ *(gleda ga sa sožalenijem)*:

*Bjedno gluposti izčadije,*
*Kakvo imaši ponjatije*
*O stihotvorstva cjeni,*
*O mudrosti blagostini.*

JOVAN: O pani, i ja znam peknje spivat. *(Peva.)*

*Naš pan gazda*
*Dobri gazda*
*Dobro vino ma,*
*A mi zjeho laski,*
*Pime s toj to flaški,*
*Naš pan gazda, dobri gazda,*
*Dobro vino ma*
*Kad ho ma, neg' ho da,*

Šak mu ton pan Bog požena.

RUŽIČIĆ:

*Rozičiću, ti dosjagneš bezčisleni vjeki,*
*Proslavivsja meždu čelovjeki,*
*Slava tvoja ostanet do konca,*
*Spodobivsja lavrovago vjenca.*

JOVAN: Veselo svatovi!
MITAR: Vidiš, Femo, kako ti se slavi kuća.
FEMA: Les nobles, les modes.
MITAR: Opet počinješ? Kaži ti nama, ostaješ li ti i dalje tako pokondirena i luda, ili ćeš biti kao mi?
FEMA: Nobles kon nit biti paor.
MITAR: E, kad kon nit, a ono zbogom. Pravo kažu ljudi, da je moda ludilo kao kijavica. Od jednog prelazi na drugog, a kad počne, ne ume da prestane.
FEMA: Uj!
MITAR: Bogme, ujela je mnoge, uješće i tebe. Hajdete, deco, da ne pređe i na vas ova boleština.
JOVAN *(klanja se Femi)*: Božur, madam.
FEMA: Adies, Žan. *(Vasiliju):* Samo francuz sun mamzel.
MITAR: Nemaj brige. — Zbilja, Femo, da l' bi ti imala volju ići u Pariz?
FEMA *(izvrće oči)*: Ah! Les Paris, les nobles, les modes, les intov.
MITAR: Vidiš, ja bih te sam o mom trošku u Pariz odveo, samo kad bi mi obećala tri godine onako postupati, kao što ja hoću.
FEMA: Da budem paorka? Oh, kon nit, kon nit.
MITAR: Femo, samo tri godine.
FEMA *(metne ruku na čelo, sasvim žalostivo)*: Kon nit, kon nit.

MITAR: Promisli se dobro, ovde je razgovor o Parizu.

FEMA: Ah, i tri dana biti bez karaktera, mnogo je, a kamoli tri godine.

MITAR: U Parizu svaka gospođa ima po dva muža.

FEMA *(jako)*: Oh! *(Sasvim tiho)*: Oh! *(S jednom tercom više)*: Oh! — Libri pruder, vodi me u Pariz, vodi me u Pariz. Vidiš kako nobles živi? Ah, po dva muža, razumeš? Po dva muža, ah, ah, a kukavne proste?

MITAR: E, one imaju po tri.

FEMA *(dugo ga gleda)*: Po tri? — Muža?

MITAR: Pitaj svakog, koji je god bio u Francuskoj, pa će ti svaki to isto kazati.

FEMA: Ali tamo prosti nisu kao ovde?

MITAR: A, tamo su poslednje žene, kao kod nas ti što si.

FEMA: Libri pruder, ja sam već isterala želju sa noblesom. Sad hoću malo da budem prosta, da vidim kako se i prosto živi.

MITAR: No, hvala Bogu! Jedva joj nađoh leka.

FEMA *(čepeći se)*: Da, prosto! Sasvim prosto! *(Sari)*: Adies, ma šere, adies nobles, adies žurnal.

JOVAN: Adies žutov.

FEMA: Ja ću malo u kolibi da živim, da mogu posle preći u dvokatne kuće.

JOVAN: Ej, krasna tri muža! Šta neće učiniti!

# Rodoljupci

*(veselo pozorije u pet dejstvija)*

# Predgovor

Nastojeće pozorje nisam izmislio, nego sve što se u njemu nahodi, pa i same izraze i reči, pokupio sam, koje iz života, koje iz novina; i čitatelji će se iz gdekojih opština začuditi, kad svoje Smrdiće, Šerbuliće, Žutilove itd. u svoj istovetnosti nađu. Ništa mi dakle ne ostaje, nego progovoriti koju reč, zašto takovo delo, s takvim pogreškama, na svet izdajem; jer napred znam, da će to svima onima nepravo biti, koji narod ne inače nego kao mati svoje dete gledaju, i sve bi želeli da se za njima dobro govori.

Dokle se god budemo samo hvalili, slabosti i pogreške prikrivali, u povesnici učili, koliko je ko od predaka naših junačkih glava odrubio, a ne i gde je s puta sišao; donde ćemo hramati i ni za dlaku nećemo biti bolji; jer prostaci i mladi ljudi, koji se tako zapajaju, i ne misle da može biti i pogrešaka u nas, pak sve, što im se predlaže, za čistu istinu i dobrodetelj smatraju. Bacimo pogled na najpozniju povesnicu našu. Što je bilo luđe, preteranije, nesmislenije, to je imalo više uvažatelja, a glas umerenosti smatrao se kao nenarodnost, kao protivnost i izdajstvo; jer je svaki čovek sklonjen na črezvičajnosti, pa kad ne zna da može biti nesreće, trči kao slep za tim, i srdi se na svaku pametnu reč. Otud nije čudo, što nevaljali i pokvareni, a takvih ima svuda, pod vidom rodoljubija svaku priliku za svoju sebičnost upotrebljavaju, i najbezumnije sovete daju, ne mareći, hoće li se time svojoj opštini, ili svome narodu kakva šteta naneti. Sebičnom je dovoljno, kad je samo njemu dobro i kad prostaka može na svoju ruku da preokrene, a za dalje se ništa ne brine.

Pozorije dakle ovo neka bude kao privatna povesnica *srpskoga pokreta*. Sve što je bilo dobro, opisaće istorija; ovde se samo predstavljaju strasti i sebičnosti. A da moja namera nije s otim ljagu baciti na narod, nego poučiti ga i osvestiti, kako se i u najvećoj stvari umeju poroci dovijati, svaki će blagorazuman rodoljubac sa mnom biti saglasan.

J. S. P.

LICA:

ŽUTILOV, bivši nekada notaroš
NANČIKA, njegova supruga
MILČIKA i EDEN, njina deca
ŠANDOR LEPRŠIĆ, mladi stihodelja
GOSPOĐA ZELENIĆKA, njegova ujna
ŠERBULIĆ, bankrotirani trgovac
SMRDIĆ i GAVRILOVIĆ, građani
NAĐ PAL
SKOROTEČA
VIŠE RODOLJUBACA

# DEJSTVO PRVO

(Ulica. Na sredi vidi se zastava madžarska.)

I

## ŽUTILOV, ŠERBULIĆ, SMRDIĆ, GAVRILOVIĆ I MNOGI DRUGI GRAĐANI

ŽUTILOV: Iljen a sabadšag!
SVI: Iljen!
ŠERBULIĆ: Živeo petnaesti mart!
SMRDIĆ: Vivat!
ŽUTILOV: Nije slobodno vikati: „vivat". U slobodi samo ima „iljen".
SVI: Iljen!
ŽUTILOV: Nemeš, birger, prostak jednaka prava imaju. Svi su polgartaršak.
SVI: Iljen!
ŽUTILOV Jeste li čitali onih dvanaest punktova?
SMRDIĆ: Nama nisu poznati.
ŽUTILOV: Sramota je od našeg magistrata, što nisu dosad publicirati.
SMRDIĆ: Pa zašto ih ne publiciraju?
ŽUTILOV: Jer su sami konzervativci po službama.
ŠERBULIĆ: Treba ih tužiti.

ŽUTILOV: Treba s njima dole.

ŠERBULIĆ: Tako je. Izdajstvo se ne može trpeti. Je li tako, gospodine Gavriloviću?

GAVRILOVIĆ: Oni znaju šta treba da čine.

ŽUTILOV: Šta znaju? I ja sam bio u službi, i ja znam šta je birodalom. Konzervativci, ništa nego konzervativci!

ŠERBULIĆ: Da se zbace; sad je sloboda.

GAVRILOVIĆ: Manite se toga, pa gledajte svoj posao.

ŠERBULIĆ: Ko gleda u slobodi svoj posao?

ŽUTILOV: I gospodin Gavrilović je konzervativac.

GAVRILOVIĆ: Ja znam da sam pošten čovek, a drugo ništa.

ŽUTILOV: Koji drži konzervativcima stranu, taj je orsag aruloja.

GAVRILOVIĆ: Šta je to?

ŽUTILOV: Vidite, vi u Madžarskoj živite, a ne znate madžarski. To je sramota. Čiji hlebac jedete, onoga jezik treba i da naučite.

GAVRILOVIĆ: Bogme, gospodine, ja jedem svoj hlebac.

ŽUTILOV: Arulo, izdajica otečestva!

GAVRILOVIĆ: Idite vi s milim Bogom! Ja izdajica otečestva, što kažem da jedem za svoje novce hlebac!

ŽUTILOV: Najmanje je, ako vam se kaže da ste konzervativac.

GAVRILOVIĆ: To je onda želeti, da svi budu konzervativci.

ŽUTILOV: Šta, šta? U slobodi konzervativci?

GAVRILOVIĆ: Ja podrazumevam one, koji jedu *svoj* hlebac.

ŠERBULIĆ: Ostavimo se toga; nego, šta ćemo s magistratom, koji neće da publicira punktove?

SMRDIĆ: Da se zbaci. Imamo mi boljih patriota u varoši. Evo gospodin Žutilov bio je notaroš u varmeđi; zašto ne bi mogao biti birov?

ŽUTILOV: Ja sam donde samo služio, dok je vladala liberalna partija. Kako preoteše mah konzervativci, zbogom! Žutilov je pošten čovek.

## II

### MILČIKA vodi EDENA, nakićena madžarskom kokardom, PREĐAŠNJI

MILČIKA: Gospodo moja, ja se nadam da će vam biti po volji ovaj gost.
EDEN *(pokazujući kokardu)*: Lásd, édes attyám!
SVI: Iljen!
ŠERBULIĆ *(gladi Edena po obrazu)*: Ko ti je dao to?
ŽUTILOV: Ne govori srpski.
SMRDIĆ: Ja mislim da je to posao frajle Milčike.
MILČIKA *(pokloni se)*.
ŠERBULIĆ: A, frajla Milči, za ovo zaslužujete belobungs-dekret.
MILČIKA: Ako zapovedate, gospodo, mogu svakog poslužiti. *(Otvori kutiju s kokardama.)*
ŠERBULIĆ: Iljen!
SVI *(uzimaju kokarde i sebi pridevaju, osim Gavrilovića)*.
MILČIKA *(Gavriloviću)*: Zar vi nećete?
GAVRILOVIĆ: Zahvaljujem; ja mrzim te stvari.
ŽUTILOV: Ni banč, gospodin Gavrilović i tako je od konzervativne partije.
GAVRILOVIĆ: Ja se trudim da budem od partije poštene.
ŠERBULIĆ: Šta vi tu sve o poštenju, kao da mi nismo pošteni!
GAVRILOVIĆ: Ja to ne kažem.
ŽUTILOV: Ostavite. Kad se radi o slobodi, onda je poštenje neznatna stvar. Kažite, zašto se ne bi kokarde načinile iz opštinske kase, da svaki može po jednu dobiti? Ne pokazuje li to, da magistrat ne drži sa slobodom?
ŠERBULIĆ: Tako je. Da se zbaci, da se zbaci! Imamo mi boljih ljudi.
ŽUTILOV: Sad treba da dođu u službe samo liberalci.

ŠERBULIĆ: Tako je!

ŽUTILOV: Drugo: treba da se povisi plata onima, koji su u službi. Sad je sloboda, u slobodi se mora slobodno živeti; a bez dosta novaca se živeti ne može.

ŠERBULIĆ: Vrlo lepo!

ŽUTILOV: Treće: novci od desetka i od rabote, koji su za lanjsku i preklanjsku godinu skupljeni, da se podele između pravih patriota.

ŠERBULIĆ: Prekrasno!

ŽUTILOV: Ljudi su batinama bili naterivani, da vuku kamen za kaldrmu. Sad je sloboda, niko se ni na šta ne može naterivati. Dakle, da se kamen proda, i novci da se takođe podele između pravih patriota.

ŠERBULIĆ: Vrlo pametno!

GAVRILOVIĆ *(za sebe)*: Au, da lepe slobode!

ŽUTILOV: Doveče da pravimo iluminaciju.

ŠERBULIĆ: Iljen!

ŽUTILOV: Kad su moji preci nemešag dobili...

SMRDIĆ: Više nema nemeša; svi smo jednaki.

ŽUTILOV: To i ja kažem. No moje je pravo ime Žutilaji, a ne Žutilov; zato hoću da se tako i zovem.

ŠERBULIĆ: Iljen!

ŽUTILOV: Zašto se i gospodin Smrdić ne bi zvao Bideši? To je lepše nego Smrdić; a gospodin Šerbulić — ne znam otkud dolazi.

SMRDIĆ: Šerb znači vlaški zmija.

ŽUTILOV: Dakle: Kiđoji.

ŠERBULIĆ *(Smrdiću)*: Ja da znam da i jednu kaplju krvi vlaške imam — i tu bih pustio da isteče.

## III

## LEPRŠIĆ, PREĐAŠNJI

LEPRŠIĆ: Živelo Slavjanstvo!
ŠERBULIĆ: Iljen!
LEPRŠIĆ: Kakvo „iljen" u slavjanskom carstvu? Slavjanski je narod najveći na svetu. U Evropi ima osamdeset miliona Slavjana, i Evropa mora biti slavjanska.
ŽUTILOV: Šta se to nas tiče?
LEPRŠIĆ: Šta se tiče? To je greh protiv narodnosti; a greh protiv narodnosti veći je u sadašnje vreme, nego smrtni greh. Šta mislite: šta je Srbin? Bistra kaplja u neizmernom moru Slavjanstva. Slavjanski je narod najslavniji narod u Evropi. Panslavizam je ideja, koja zanima najveće duhove.
ŽUTILOV: Gospodin Lepršić, to ćete zadržati, kad bude crkvena skupština. Sad imamo posla praznovanjem slobode.
LEPRŠIĆ: Zar vi mislite, da Srbin nije sazreo za slobodu? Dajte astal, pa ćete se diviti. *(Dovuče sto nasred sobe, pa se popne na njega)*: Gospodo i braćo! Vi znate šta su Srblji bili u staro doba. Od Dušana drhtale su stene samog Carigrada. No ova lepa slava naša pala je kao žertva besomučne navale turske.
GAVRILOVIĆ: Zbog nas samih i naše nesloge.
LEPRŠIĆ: Srbin, koji je rođen za slobodu, ne hte biti robom, zato odluči preći u Madžarsku, na poziv cesara Leopolda. Četrdeset hiljada familija prevede patrijarh Čarnojević pod okrilje austrijsko, narod dobije lepe privilegije; imao je svoga vojvodu, svoga patrijarha, svoje magistrate; sad nema ništa. Ko je tome uzrok? Govorite, ko je tome uzrok?
GAVRILOVIĆ: Mi ne znamo.
LEPRŠIĆ: No dan i za nas sviće. Glas slobode, koji se po Evropi ori, odziva se i u prsima junačkog Srbina. Kad se svi bude, Srbin

spavati ne sme. Skupština je određena za prvi maj; tu će se ponoviti naša stara prava, izabraće se vojvoda i patrijarh, i ustanoviće se Vojvodina srpska!

ŠERBULIĆ: Oho!

LEPRŠIĆ: Ta jedna reč „oho" zaslužuje da se u novine stavi; a teško svakom, na koga počnu novine vikati.

GAVRILOVIĆ: Dobro, gospodine, teško svakom, koji ne želi svome rodu dobra. Samo, kako će to biti?

LEPRŠIĆ: Evo kako. Srblji su najviše krvi prolili za oslobođenje Madžarske; upravo, oni su osvojili Srem, Banat i Bačku, a u privilegijama jasno stoji, da sve zemlje, koje Srblji zadobiju, za sebe zadrže; dakle, ove su zemlje naše.

GAVRILOVIĆ: Kako naše?

LEPRŠIĆ: Postavićemo našeg vojvodu, naše ministre, naše vlasti i sudove, pa mir. Kad je Srbin do velikog zvanja dolazio? Nego, notaroš, jurasor, najviše solgabirov ili febirov.

ŽUTILOV: Tu imate puno pravo!

LEPRŠIĆ: U Vojvodini srpskoj ne sme drugi biti činovnik, nego Srbin, od ministr-prezidenta do poslednjeg pisara.

ŽUTILOV: Tako treba!

LEPRŠIĆ: U Vojvodini srpskoj Srbin neće plaćati porciju ni druge dacije.

SMRDIĆ: To, to!

GAVRILOVIĆ: Da kako će se izdržavati?

LEPRŠIĆ: Vojvodina srpska imaće svoju finansiju, svoju narodnu kasu, i iz nje će se svi troškovi podmirivati.

GAVRILOVIĆ: A kako će se puniti?

LEPRŠIĆ: To je briga finans-ministra, a ne vaša.

SMRDIĆ *(pljeska rukama)*: Pravo, pravo! *(Podmigujući se Gavriloviću):* Pif jego po nosu!

LEPRŠIĆ: Jednim slovom: Vojvodina ima svoje sopstveno pravlenije; vojvoda postavlja činovnike — samo Srblje. Nije li to lepo?

SVI: Zaista lepo!

LEPRŠIĆ: Službâ će toliko biti, da ćemo morati i iz drugih zemalja zvaničnike nabavljati.

ŠERBULIĆ: Zašto to? Zar se ne mogu upotrebiti ljudi od trgovačkog reda?

LEPRŠIĆ: To se razumeva.

ŠERBULIĆ: Sad vidim da je pametno ustrojena ta Vojvodina srpska.

LEPRŠIĆ: Ko može biti nezadovoljan time?

SVI: Niko, niko!

GAVRILOVIĆ: Je li ovo već potvrđeno, gospodine Lepršiću?

LEPRŠIĆ: To će se sve svršiti prvoga maja, u Novom Sadu.

GAVRILOVIĆ: Hoće li biti kakav carski komesar?

LEPRŠIĆ: Mi s komesarima nemamo nikakva posla. Narod sad vlada; volja naroda više znači, nego svi komesari na svetu.

GAVRILOVIĆ: To nije dobro.

LEPRŠIĆ: Madžaronima nije, to verujem; ali pravi rodoljupci drugojače čuvstvuju.

ŠERBULIĆ: Svi smo mi Srblji.

LEPRŠIĆ: Madžari prevarili cara i prisvojili svu vlast sebi. Sad je vreme, da im otmemo i oteramo ih u Tunguziju.

GAVRILOVIĆ: Mi njih?

LEPRŠIĆ: Šta, žao vam je? Ha, ha, ha! Vidi se ko je madžaron.

GAVRILOVIĆ: Ja sam slušao, da ste *vi* govorili madžarski, a ne ja.

LEPRŠIĆ: Dok ih proteramo, urlikaće kurjaci njinim jezikom.

GAVRILOVIĆ: Ali kako ćete ih proterati, kad nemamo oružja, nemamo baruta.

LEPRŠIĆ: Ha, ha, ha! Šta se on brine. Mi ćemo im topove oteti, pa ćemo ih biti njinim sopstvenim oružjem.

GAVRILOVIĆ: To je sve lepo, ali bi trebalo da se najpre malo razmislimo.

LEPRŠIĆ: Kad je vreme raditi, onda se ne misli.

GAVRILOVIĆ: To je zlo.

LEPRŠIĆ: Kad Madžari zapovedaju, onda vam je dobro.

GAVRILOVIĆ: Zapovedali su i dosad, pa vidim, vi ste se više oko njih ulagivali.

LEPRŠIĆ: Sad je došlo vreme, da im za sve nepravde platimo.

GAVRILOVIĆ: Samo da možemo.

LEPRŠIĆ: He, he! A šta kažu graničari i braća naša Hrvati? Razneće ih u vozduh. Pa još dok otpadnu od njih Slovaci, dok se spojimo s Česima, Moravcima, Poljacima! Eno, u Pragu se osniva slavjansko carstvo.

ŠERBULIĆ: Istina?

LEPRŠIĆ: Zar ne čitate novine? Na Rakošu, ako Bog da, podelićemo s Madžarima kolače.

ŠERBULIĆ: Živeo!

LEPRŠIĆ: Svaki Srbin neka se napije vode iz česme Hajdučke, neka uzme sablju Miloša Obilića i topuz Kraljevića Marka, pa će opet nastati carstvo Dušanovo.

SVI: Živeli!

LEPRŠIĆ: Duh Hajduk-Veljka, Miloša Pocerca i Cincar-Janka nek obuzme prsi dostojnih potomaka, pa će se slava srpska opet obnoviti.

SVI: Živeli!

LEPRŠIĆ: Ali, šta ja vidim? Madžarske kokarde u Vojvodini srpskoj! Ah, Dušan mora u grobu suze prolivati!

ŠERBULIĆ *(plače)*: Oprostite, gospodine, mi za te novine nismo ništa znali; inače proklet koji ne ljubi svoj narod!

SMRDIĆ: Mi smo se spremili, da doveče slavimo slobodu.

LEPRŠIĆ: Kad Srblji izvojuju slobodu, onda ćemo slaviti. Sad nam nije do toga. *(Peva)*:

*Ustaj, ustaj, Srbine...*

OSTALI *(pri koncu svake strofe viču)*: Živeo!...

## IV

### NANČIKA, PREĐAŠNJI

NANČIKA *(pokloni se)*: Gospoda se vesele, kako mi se čini?

LEPRŠIĆ: Evo, gospođa Nančika biće tako dobra, da nam načini srpske kokarde.

ŠERBULIĆ: Da, molimo, mi molimo!

NANČIKA: Iz drage volje.

LEPRŠIĆ: Svaka kokarda, koju iz vaše ruke primimo, biće naš štit protiv neprijatelja naših.

NANČIKA: No ja vidim u svakoga po jednu kokardu; zar hoćete da nosite po dve?

LEPRŠIĆ: Ovo su kokarde madžarske, a naša je želja imati srpske.

NANČIKA: Dobro. Kakva je boja srpska?

ŠERBULIĆ: Šta, Srpkinja, pa ne zna ni kakva je boja srpska!

NANČIKA: Što nisam dosad znala, to ćete mi kazati vi.

ŠERBULIĆ: Ja — ja — oprostite, to moj posao nije, nego evo gospodin Lepršić, on je od učenog reda.

LEPRŠIĆ *(zbunjeno)*: Silni Stefan imao je zastavu, na kojoj je arhangel Mihail stajao, i pomoću ovoga tolike su pobede dobivene.

NANČIKA: Ako će na kokardama biti arhangel Mihail, to ja ne umem načiniti.

ŠERBULIĆ: To nije nužno; samo srpske boje, pa mir. Ja mislim to je dosta, gospodine Lepršiću?

LEPRŠIĆ: Vidite, gospodo moja, kako je žalosno naše stanje bilo u Madžarskoj. Kad su naši preci ovamo prešli, imali su svoje sopstvene barjake i svoje sopstvene boje; no malo-pomalo sve se zaboravilo i izgubilo, što je god narodno. Pa bi najposle izgubili bili i ime, kao što su i po crkvama uveli bili madžarske protokole kreštajemih.

ŠERBULIĆ: To je zaista najbezbožnije delo, što su mogli učiniti.

LEPRŠIĆ: Ove su Novosađani nasred pijace spalili.

SMRDIĆ: Pravo su imali.

NANČIKA: Ja čujem da je na više mesta to učinjeno.

LEPRŠIĆ: A mi? Dokle ćemo trpeti, da nam deca budu Pište i Janoši?

GAVRILOVIĆ: Molim, gospodine Lepršiću, ovi madžarski protokoli uvedeni su od nekoliko godina, je l'te?

LEPRŠIĆ: Da su mogli, oni bi ih uveli pre potopa.

GAVRILOVIĆ: Verujem. No kažite mi, kako je to, da je vaše ime Šandor, ovoj gospođi Nančika, njenoj kćeri Milčika, a sinu Eden, kad onda, kad ste se vi rodili, nije bilo protokola madžarskih?

LEPRŠIĆ: Nemojte vi uzimati, što roditelji s decom iz mode rade; nego gledajte, šta Madžari s nama čine. Ja sam Šandor, to je istina, ali sam bolji Srbin nego makar koji drugi.

GAVRILOVIĆ *(smeši se)*: A zar takav ne može biti i Pišta?

LEPRŠIĆ: Pišta je ime varvarsko, koje su Madžari preneli iz Azije, a Šandor se može pretvoriti u Skender.

GAVRILOVIĆ: Skender je turski.

LEPRŠIĆ: Ništa za to, i fes je turski, ali je opet naša narodna nošnja.

## V

### ZELENIĆKA, PREĐAŠNJI

ŠERBULIĆ: A, evo gospođe Zelenićke, i ona će znati što kazati.

ZELENIĆKA: Jeste li čuli, gospodo, da je Dištrikt sav u plamenu?

GAVRILOVIĆ: Šta: izgoreo?

ZELENIĆKA *(smeši se)*: Jošte nije, nego samo bukti; no njegov dim osećaju Madžari čak u Buda-Pešti.

LEPRŠIĆ: Pravo, gospoja ujna! Ovaj izražaj zaslužuje, da dođe u novine.

GAVRILOVIĆ: Šta je to, gospodine Lepršiću?

LEPRŠIĆ: Zar ne čujete, da su se u Dištriktu pobunili?

ZELENIĆKA: I potukli sve, koji su protiv narodnosti.

GAVRILOVIĆ: To je zlo.

ZELENIĆKA: Sad je vreme, da se Feniks iz pepela slave srpske podigne. Srpstvo ne može biti večito senka tuđe svetlosti, nego treba samo da postane sunce, i još i drugima pozajmi svetlosti.

ŠERBULIĆ: Badava, tek frau fon Zelenić, pa frau fon Zelenić!

ZELENIĆKA: Frau fon? Ne vidite li da je ova reč tuđa? Srbin ima dovoljno cveća u svome vertu, zašto da od drugih ukrase traži? Ali, naravno, gospoda s madžarskim kokardama...

LEPRŠIĆ: Mi smo već zaključili da načinimo srpske kokarde, samo dok se izvestimo koja je srpska boja.

ZELENIĆKA: Dakle još i to ne znate? Lepi Srblji! Ali tako mora biti, kad ljudi ne čitaju narodne knjige.

ŠERBULIĆ: Zar vi znate?

ZELENIĆKA: Ja bih se stidela, kad ne bih znala u čem se sastoji čuvstvilo narodnosti. Plava je boja otlična čerta narodnosti srpske, kojoj se crvena i bela, kao dve mile sestrice pridružuju.

ŠERBULIĆ: Plava, crvena i bela. Živela rodoljubica srpska!

SVI: Živela!

ZELENIĆKA: I svi madžaroni s madžarskim kokardama!

ŠERBULIĆ: Proklet Srbin, koji se njima želi dičiti! *(Skine svoju kokardu i baci je na zemlju.)*

SMRDIĆ: I ja umem osećati šta je Srpstvo. *(To isto učini.)*

ŽUTILOV *(isto tako)*: Ovim se odričem svake madžarštine!

ŠERBULIĆ: Jeste li zadovoljni, gospoja Zelenićka?

LEPRŠIĆ: Ne, nego da se za spomen spale.

ZELENIĆKA: Moj nećak još najbolje oseća žar rodoljubija. Narodnost, gospodo moja, jest najveće blago na svetu; narod bez narodnosti nije ništa drugo, nego telo bez duše, srce bez svetlosti, sveća bez plamena.

ŠERBULIĆ: Izrjadno!

ZELENIĆKA: Moje je ime Zelenićka, no budući da je zelena boja madžarska, zato ga trpeti ne mogu. Zaključila sam dakle obratiti ga u plavetno.

ŠERBULIĆ: To je lepo. Tako je lepo. Tako se možete zvati Plavetnićka.

ZELENIĆKA: Ili Plavićka, od plave boje.

ŽUTILOV: Helješen. I moje će ime biti Žutilović.

GAVRILOVIĆ: A ne Žutilaji?

ŽUTILOV: To je bilo pa prošlo.

ZELENIĆKA: Tako, gospodine Žutiloviću, tako. Nama se jasna zora otvara. Još je nužno poderati sve one haljine, koje su stranonarodne boje.

ŠERBULIĆ: Evo i gospoja Nančika ima zelenu.

ZELENIĆKA: Ja se nadam od njenog rodoljubija da će je odmah pocepati.

NANČIKA: Meni ova lepo stoji.

ZELENIĆKA: Najlepše nam, slatka moja, sada stoji rodoljubije; zato je pocepajte u prkos svima neprijateljima.

NANČIKA: Kako bih ja najlepšu moju haljinu pocepala?

ZELENIĆKA: Ah, slatka Nančika. Ali nije nikakvo čudo, što tako govorite, kad vam je ime tuđe.

NANČIKA: Ja znam, vaše je bilo ružno, pa ste ga lako mogli promeniti, a ja bih se morala samo naružiti.

ZELENIĆKA *(klone na stolicu)*: O, sjeni Dušanova, čuješ li? Što je naše, to je ružno!

LEPRŠIĆ: Gospoja ujna, nismo vam saopštili, što je najvažnije. Mi smo zaključili madžarske protokole iz crkve izneti i spaliti.

ZELENIĆKA *(ustane, radosno)*: Ko je na tu veliku misao došao, dostojnu velikoga Dušana?

LEPRŠIĆ: Svi kojima vri srpska krvca u žilama.

ZELENIĆKA: Lepo, izrjadno, veličestveno! Sad nam ništa više ne ostaje, nego srpske kokarde.

LEPRŠIĆ: Gospoja Nančika obećala je, da će nam načiniti.

ZELENIĆKA: Ne Nančika, nego Anka. To je lepo, srpsko narodno ime. — Na kokardama će se čitati zlatnim slovima: rat.

GAVRILOVIĆ *(uplašeno)*: Šta, rat?

ZELENIĆKA: Samo rat, gospodo moja.

LEPRŠIĆ: To je i moja poslovica.

GAVRILOVIĆ: Ali će se krv prolivati!

ZELENIĆKA: Ha, ha, ha! Gde ste vi videli rat bez krvi?

GAVRILOVIĆ: Naš je narod mali.

ZELENIĆKA: Dosta je veliki, da Madžare pobedimo.

LEPRŠIĆ: I da ih oteramo u Tunguziju.

GAVRILOVIĆ: Samo da ne počnu oni nas terati!

ZELENIĆKA: Ha, ha, ha! Ove godine rodio je dobro duvan.

LEPRŠIĆ *(peva)*:

*Hajde, braćo, u ime Boga,*
*Tri smo na jednoga.*

ZELENIĆKA: Vidite, gospodine Gavriloviću.
GAVRILOVIĆ: Lako je pevati; a da dođe do boja, čini mi se, ne bi bilo od nas nijednoga.
LEPRŠIĆ: Šta? Ja ću prvi ići u stan.
ŠERBULIĆ: Svi, svi!
ZELENIĆKA: Živeli rodoljupci!...

# DEJSTVO DRUGO

## I

### MILČIKA (sama)

MILČIKA: Moj se otac dao u rodoljupce, nadajući se da će dobiti službu. To je dobro, nego je moja partija propala. Čudo mi je, s kim se pomešao — s kojekakvim bankrotima i trgovcima, a najpre su mi samo nemeši pravili kur. Ah, pa sad ne smem govoriti madžarski, to je žalosno! Ali, kad on misli da je dobro, moram da ćutim.

## II

### ŠERBULIĆ I SMRDIĆ stupe sa srpskim kokardama, MILČIKA

ŠERBULIĆ: Je li kod kuće Žutilov?
MILČIKA: Nije. Zašto tako hitno?
ŠERBULIĆ: Imamo važna posla.
MILČIKA: Vi ste se pri cepanju protokola baš pokazali.
ŠERBULIĆ: Da, protokola, protokola. Hoće li skoro doći?
MILČIKA: Ja mislim da hoće. Izvol'te sesti.
ŠERBULIĆ: To je đavolski posao.
MILČIKA: Nijedan se tako nije pokazao kao vi.
ŠERBULIĆ: Manite bestraga, može mi presesti.
MILČIKA: Kako?

ŠERBULIĆ: Čujemo da će biti inkvizicije; pa, bogami, može se đavo izleći!

MILČIKA: Vi ste radili za narodnost.

ŠERBULIĆ: Mari ko za narodnost. Kad me obese, na čast vam narodnost! Hm, hm! To je đavolski posao.

SMRDIĆ: Ja kanda sam znao, te sam bio umeren.

ŠERBULIĆ: Šta umeren? Niste li mi jedno parče iz ruku istrgli? O, ako dođe do čega, sve ću redom iskazati.

SMRDIĆ: Ja se mogu zakleti, da nisam ni ruku metnuo.

ŠERBULIĆ: I ja bih se zakleo, kad bi mi ko hteo verovati. Ali od toga nema ništa; nego svi na sredu.

MILČIKA: Zar biste vi odali vaše društvo?

ŠERBULIĆ: Nego? Da mene samog obese? Lepo mi i vi govorite.

MILČIKA: Za narodnost treba da se jedan žrtvuje.

ŠERBULIĆ: Pa baš ja da se žrtvujem? Hvala vam!

MILČIKA: A kako ste pređe govorili?

ŠERBULIĆ: Ostavite se, molim vas, vi ne znate šta je to.

## III

### LEPRŠIĆ s velikom kokardom srpskom, PREĐAŠNJI

LEPRŠIĆ *(peva)*:

*Na noge, Srblji braćo,*
*Sloboda zove!*

ŠERBULIĆ: Žalosna nam sloboda!

LEPRŠIĆ: Šta, i vi ste Srbin? Nije li vas sramota!

ŠERBULIĆ: Hoće da bude inkvizicije zbog protokola.

LEPRŠIĆ: Ha, ha, ha! Šta vam pada na pamet!
SMRDIĆ: Cela istina.
LEPRŠIĆ: Inkvizicija za protokole madžarske u Vojvodini srpskoj? — Znate li vi, da je Vojvodina potvrđena?
ŠERBULIĆ: Kako?
LEPRŠIĆ: U Karlovcima bila je skupština. Izabrali su patrijarha i vojvodu. — Što ne vičete „živeli"?
ŠERBULIĆ: Ako nas međutim ovde okupe Madžari za protokole?
LEPRŠIĆ: Ha, ha, ha! Trideset hiljada Srbijanaca dolaze nam u pomoć, i sedam miliona dukata.
ŠERBULIĆ: Sedam miliona dukata?
LEPRŠIĆ: E, kako sad stojimo? Vidite, da je tu politika rusijska. Slavjansko carstvo, i ništa drugo!
ŠERBULIĆ: Ako se Rusija umeša, onda je dobro.
LEPRŠIĆ: Vi još sumnjate? Kažite, da li bi smela Srbija pomoć šiljati, da Rusija nije zapovedila?
ŠERBULIĆ: Sad sam malo utešen.
LEPRŠIĆ: Ja vam kažem: slavjansko carstvo.
ŠERBULIĆ: I treba da bude. Samo da ne izađe otkud inkvizicija.
LEPRŠIĆ: Šta vi tu snevate o inkviziciji? Vojvodu imamo, Vojvodina je potvrđena, sad još barjak na crkvu, pa gotov posao!
ŠERBULIĆ: Ko hoće, neka ga diže; ja znam, da se neću više u takve stvari mešati.
LEPRŠIĆ: Šta, šta?
ŠERBULIĆ: Preseli su mi i protokoli.
LEPRŠIĆ: To je izdajstvo protiv narodnosti!
ŠERBULIĆ: Neka je makar šta, tek ja jedan neću.
LEPRŠIĆ: O, Miloš Obiliću, čuješ li ga? Srbine, Srbine, ne vređaj pepeo tvojih praotaca!

ŠERBULIĆ: Ali imate li svesti? Da dižem barjak, pa posle da me obese!

LEPRŠIĆ: Ništa za to; za narodnost nikakva žertva nije skupa.

ŠERBULIĆ: Hvala vam lepo...

SMRDIĆ: Bogme i ja se ne bih odvažio.

LEPRŠIĆ: Odrođeni sinovi praotaca svojih, ja ću ga podići!

SMRDIĆ: Vi i možete, zašto ste učili prava, pa se umete i odbraniti.

LEPRŠIĆ: Ja hoću Dušanovo carstvo, a, po ovakvim rodoljupcima, propalo bi Srpstvo.

ŠERBULIĆ: Ja sam zaista pravi Srbin, i videćete, kako ću raditi, samo dokle dođu Servijanci.

SMRDIĆ: Dok se malo umnožimo, gospodine Lepršiću, dokle se malo naviknemo. Vidite, i Servijanci ne bi bili junaci, da nemaju često bune.

LEPRŠIĆ: I to je istina.

## IV

### ŽUTILOV s madžarskom kokardom, PREĐAŠNJI

LEPRŠIĆ: A šta je to? Ha, ha, ha!

ŠERBULIĆ: Zar je to rodoljubije?

LEPRŠIĆ: Gospodin Žutilović! Srbin! Ha, ha, ha!

ŽUTILOV: Šta je, gospodo moja?

LEPRŠIĆ: Ne stidite se da metnete kokardu!

ŽUTILOV: Metnućete je i vi.

SMRDIĆ: Da Bog sačuva!

LEPRŠIĆ: Pre bih dao ruku odseći.

ŽUTILOV: Znate li vi, da vojska sutra dolazi?

LEPRŠIĆ: No, to je dobro: bar će biti šićara za Serbijance.

ŽUTILOV: Ostavite Servijance, bogzna kad ćedu doći, a ovi su sutra kod nas. Drugo: hoće da se ispituje i za protokole; zato da se manemo narodnosti.

LEPRŠIĆ: Šta, tako podlo? Nipošto, nego barjak srpski da se diže!

ŽUTILOV: Vi, ako ćete dizati, možete na vašu riziku. No ja bih rekô, da se pretrpimo, dok nam ne dođe pomoć.

ŠERBULIĆ: I ja sam tako kazao.

LEPRŠIĆ: Dakle niko neće sa mnom?

SMRDIĆ: A šta je vajde: danas da metnemo, sutra će ga skinuti.

ŠERBULIĆ: Barjak nek se vije zasada u Granici, gde su svi soldati.

SMRDIĆ: A nas mogu potući batinama.

LEPRŠIĆ: Da se uverite kako ljubim slogu, evo pristajem na sve; i za ljubav vašu skidam i kokardu.

ŠERBULIĆ: To je vrlo pametno, jer bi se Madžari našli jako uvređeni.

SMRDIĆ: I ja tako velim.

SVI *(poskidaju kokarde).*

ŠERBULIĆ: Ne bi li bilo dobro, da metnemo madžarske kokarde, kao gospodin Žutilov? Ta mi smo i tako Srblji; a Madžari kad vide svoje kokarde, može biti, da neće ni istraživati za protokole.

LEPRŠIĆ: To ide malo dalje, ali rodoljubije sve dopušta. Zato ćemo ovako učiniti: ispod haljine da se postave kokarde srpske, jer naša srca srpski dišu, a spolja metnućemo mrske kokarde madžarske, za znak, kako su nas gnjavili!

ŠERBULIĆ: Živeo gospodin Lepršić! Zaista pametan dečko!

LEPRŠIĆ *(pridevajući kokardu)*: Čekajte, dok bude Dušanovo carstvo, pa ćete videti.

## V

## GAVRILOVIĆ, PREĐAŠNJI

SMRDIĆ: Evo i gospodina Gavrilovića.
GAVRILOVIĆ: Dobar dan želim.
ŠERBULIĆ: Jeste li i vi čuli, da dolazi vojska?
GAVRILOVIĆ: Jesam.
SMRDIĆ: Pa gde vam je kokarda madžarska?
ŠERBULIĆ: E, on nije pridenuo ni srpsku.
GAVRILOVIĆ: Ja to držim za budalaštinu.
LEPRŠIĆ: Budalaština? Vama je narodnost budalaština?
GAVRILOVIĆ: Narodnost nije budalaština; ali da čovek nije narodan, ako ne metne kokardu, to je budalaština.
ŠERBULIĆ: Pa zašto Madžari nose?
GAVRILOVIĆ: Mi valjda nećemo u Madžara pamet tražiti?
LEPRŠIĆ: Dakle narodna boja vama nije ništa?
GAVRILOVIĆ: Opet vi! Boja je za narod odlični znak, kao i za čoveka haljina. Ali ja bogme zbog haljine neću se tući ni poginuti.
LEPRŠIĆ: Zašto nemate čuvstva za narodnost.
GAVRILOVIĆ: Može biti. Ja držim sreću narodnu u jeziku i zakonu, u veličini i napretku, a ne u kokardama i bojama. Ove, kako su danas izabrali, tako se mogu sutra promeniti, pa niko neće osetiti nikakvu štetu.
ŠERBULIĆ: Da se manemo toga; nego kažite mi, šta ćemo raditi, kad dođu soldati?
GAVRILOVIĆ: Daćemo im kvartir i hranićemo ih. Šta znamo?
ŠERBULIĆ: Ako se uspita za protokole?
GAVRILOVIĆ: Ja mislim, da neće. A i šta znaju činiti? Narod se ogorčio, pa pocepao. To je plod slobode. Da ih nisu ni uvodili, te bi bolje bilo. Ali ko će protiv ludosti!

ŠERBULIĆ: Evo Nađ Pala; dobro bi bilo da ga na svoju ruku privedemo.

ŽUTILOV: To je konzervativac.

ŠERBULIĆ: Tim bolje.

## VI

## NAĐ PAL, PREĐAŠNJI

ŽUTILOV: Jo napot, Pali pajtaš!

NAĐ: Sluga, gospodo. Kako ste?

ŠERBULIĆ: Evo se razgovaramo, kako luduju naši Srblji.

NAĐ: Zaista luduju. *(Izvadi novine):* Gledajte molim vas, ko tako piše: „Mi ćemo Madžare u Tunguziju, mi ćemo ih istrebiti; Srblji su veseli, kupuju duvan na listove." Šta, opet da seku duvan na glavi? Sram i stid da bude vašim učenim ljudima, tako narode ogorčavati! Zar Madžari ne umu posle vraćati, kao što je i bilo svirjepstva pre sto pedeset godina. Ištite vaša prava, pišite, dokazujte, a nemojte da se grdimo i ružimo. Zar posle nećemo opet živeti zajedno?

GAVRILOVIĆ: Ja sam uvek govorio, da se tako ne piše. Zaboga, sve se može na lep način kazati.

ŠERBULIĆ: Preterani, gospodine; mladi, pa preterani!

NAĐ: Ali time škode. „Srblji su junaci!" — Ko o tom sumnja? Ali valjda neće ni Madžari leći, da im seku duvan na glavi!

SMRDIĆ: Ja ne znam: mi se hvalimo, kako smo tukli Turke i druge narode, pa sve mi propadali.

NAĐ: I mora tako biti, kad nemate razbora, i kad svaki o svojoj glavi radi.

ŠERBULIĆ: Jest, srpski je narod lud narod.

ŽUTILOV: Ja ne znam šta su ti graničari naumili. Nama je svima otečestvo Madžarska, zato se i zove Madžar-orsag.

ŠERBULIĆ: Tako je; kad ljudi mladi i ludi upravljaju narodom, onda mora naopako ići.

NAĐ: Znate li šta karakteristiku Srbalja najbolje pokazuje? Vaše svadbe. Pre venčanja i o venčanju „i hu, hu; i hu, hu!", a posle „jao i lele!"

SMRDIĆ: Tako je. Srpski je narod nepromotren.

ŽUTILOV: Srpski je narod lud.

ŠERBULIĆ: Bre, srpski je narod pokvaren. Uzmite vi febirove i solgabirove koje smo imali: Srblji su uvek bili najgori.

NAĐ: Koliko ja srpski narod poznajem, on je dobar, osobito prost; sluša svoje starije i daje se navesti i na zlo i na dobro; ali vaši učeni ljudi, vaše nadriknjige, trgovčići i gdekoji majstorčići, to su takvi ljudi, kakve ja nisam video. Ništa ne zna, a hoće sve da zna, razmeće se, viče i rad je da se svi okreću po njegovoj glavi. — Kad ste vi još videli, da Srblji poklone poverenje jednom čoveku, koji je inače razuman i pošten, nego, kako se ko podigne, svi gledaju da ga obore.

LEPRŠIĆ: Tu imate pravo. Ja kad sam prve stihove izdao, pet je kritika najedanput izišlo. Sad je li vredno, da čovek što napiše?

NAĐ: Svuda se pišu i čitaju knjige, da se narod pouči; kod vas, mislim, da je to parada. U vašoj istoriji drugo nema, nego koliko je ko ljudi posekao i potukao, a gde je narod pogrešio, čega treba da se kloni, o tom se slabo brine.

SMRDIĆ: Zato i napredujemo tako.

ŠERBULIĆ: Ludi su oni u Karlovcima, pa mir.

LEPRŠIĆ: Ni mene nisu na skupštinu pozvali.

SMRDIĆ: Što im drago onima u Granici; mi u provincijalu bili smo pod Madžarima i ostajemo pod Madžarima.

ŠERBULIĆ: Mi ćemo za otečestvo naše i samu krv proliti.

NAĐ: Dosta zlo, kad smo do toga došli, da krv prolivamo.

SMRDIĆ: A šta znamo. Je li istina da nam dolazi madžarska vojska?

NAĐ: Tako se govori.
SMRDIĆ: No, treba da ih lepo dočekamo.
ŽUTILOV: Ja ću im pokloniti jednu kravu.
ŠERBULIĆ: Ja tri akova vina.
SMRDIĆ: Ja dva.
NAĐ: To je lepo.
ŠERBULIĆ: A šta vi dajete, gospodine Lepršiću?
LEPRŠIĆ: Ja ću im sastaviti odu, kad održe pobedu.
ŠERBULIĆ: A vi, gospodine Gavriloviću?
GAVRILOVIĆ: Videću.
SMRDIĆ: Vi, najbogatiji od nas sviju, pa ništa.
ŠERBULIĆ: Pokazuje se, da ih s radosnim srcem ne dočekujete.
ŽUTILOV: E, gospodin Gavrilović uvek je bio konzervativac.
GAVRILOVIĆ: Kad bih umeo preokrenuti kožu, kao vi: Žutilov, Žutilaji, Žutilović, ja bih bio svašta.
ŽUTILOV *(srdito)*: Vi ste reakcionar, pa mir.
NAĐ: Ne treba vređati, gospodo, ne treba vređati. Gospodin Gavrilović je pošten čovek, a poštenje ima cenu u svakom narodu i u svakom zakonu.
ŠERBULIĆ: Šta se čuje za protokole?
NAĐ: Govorilo se, da će doći neka komisija: no ja to ne bih nikad činio. Budalaština je na svaki način bila: i uvoditi i cepati. Zato treba da se zaboravi.
SMRDIĆ: Zaista su Madžari velikodušni.
ŠERBULIĆ: Pošteni ljudi.
ŽUTILOV: Kamo sreće, da su Srblji takovi.
SMRDIĆ: E, Srbin je lud od postanka.
ŠERBULIĆ: Savetuj ti njega, uči ti njega, moli ga, kumi ga, on ostaje pri svom. Miloš Obilić ne mari da propadne carstvo, samo da istera inat.

NAĐ *(smeši se)*: Šta ćete, kad vam je to praotečeski greh. No ja sam se pozadugo ovde zadržao. Rad sam malo u kafanu, da čujem, ima li što novo. Hoćete li i vi?

ŠERBULIĆ: Sad ćemo, dok samo svršimo neke račune.

NAĐ: Dakle ja se preporučujem.

ŽUTILOV: Ala solgaja!

NAĐ *(odlazi)*.

GAVRILOVIĆ: Ali tako grditi svoj narod pred stranim čovekom!...

ŠERBULIĆ: Pa šta, mi opet više ljubimo narod nego vi.

GAVRILOVIĆ: O tome će vam Nađ dati svedočanstvo.

ŠERBULIĆ: Šta Nađ? — Čekajte samo, dok dođu Servijanci.

SMRDIĆ: Kao bajagi, Madžari su bolji od nas!

LEPRŠIĆ: Upravo, što Srblji imaju rđavoga, to su primili od Madžara.

ŠERBULIĆ: Zacelo.

GAVRILOVIĆ: Pa zašto ste njih onako falili, a naš narod kudili?

ŠERBULIĆ: To je drugo, još nisu prešli Servijanci.

GAVRILOVIĆ: Više je Nađ uvažavao naš narod, nego vi, kao Srblji.

LEPRŠIĆ: Dabogme, zašto se boji. A zašto ne spominje naše privilegije? Čekajte samo, dokle ih zaokupe graničari, pa će tražiti i on Tunguziju.

GAVRILOVIĆ: Meni se dopada, kako on govori.

ŠERBULIĆ: Vama se uvek dopada, što Madžari kažu.

GAVRILOVIĆ: No nisam im obećao ni kravu, ni vina.

ŠERBULIĆ: To je ništa.

SMRDIĆ: Da nije za protokole, videli biste šta bi dobili.

GAVRILOVIĆ: Niko nije ništa iskao.

ŠERBULIĆ: E, nije iskao! Madžaroni bi se radovali, kad bi ko od rodoljubaca bio obešen.

GAVRILOVIĆ *(smeši se)*: O, Nađ će zaista o vašem rodoljubiju pripovedati.

LEPRŠIĆ: Doći će vreme, kad ćemo drugojače s njima govoriti. Čekajte samo, dok nastane Dušanovo carstvo.

GAVRILOVIĆ: Već ako ga vi ne podignete, drugi neće.

LEPRŠIĆ: I hoću i umem. A po madžaronima propali bi odavno.

ŠERBULIĆ: Da žive pravi Srblji!

SMRDIĆ: Živeli!...

SVI *(odlaze)*.

# DEJSTVO TREĆE

## I

### MILČIKA čita novine, NANČIKA stupa

MILČIKA: Ah, mami! Kako su se Srblji u Srbobranu držali!

NANČIKA: Stoji li već i u novinama?

MILČIKA: Te kako stoji. Kosa mora da vam se diže. Šest hiljada nije šala; a u šancu nije više bilo od dve hiljade šajkaša. Znate li koliko je palo Madžara? Pogodite.

NANČIKA: Valjda je palo jedno tri hiljade.

MILČIKA: Oho! Petnaest. Mesaroš skočio je od jeda i žalosti u vodu, da se udavi, i jedva su ga spasli.

NANČIKA: Vidiš, pa srdiš se što ti otac drži sa Srbljima.

MILČIKA: Meni je bilo zbog partije.

NANČIKA: Ako Srblji dobiju, prvi će u varoši biti Žutilov; a kod Madžara, znaš, da je morao ostaviti službu.

MILČIKA: Kad su ovih dana madžarski oficiri davali bal...

NANČIKA: Mi smo zato išli, da ne podozrevaju.

MILČIKA: Jedan mi je tako lepo pravio kur.

NANČIKA: Pst! Mi smo rodoljubice.

MILČIKA: Zar vama nije po volji, kad vašoj kćeri kur prave?

NANČIKA: Mi moramo Madžare da mrzimo.

MILČIKA: Pa zašto ste vi s onim obrlajtnantom toliko razgovarali?

NANČIKA: On se čudio kako znam lepo madžarski.

MILČIKA: To je i meni moj rekao.
NANČIKA: Ja ti kažem: moraš se njih čuvati.
MILČIKA: Ali da nismo u neprijateljstvu, je l'te da su vrlo učtivi?
NANČIKA: To je istina.
MILČIKA: Naši mladići nikad ne umeju tako kur da prave.
NANČIKA: Oni su malo drvenasti.
MILČIKA: Gledala sam, kako vam je čisto milo bilo, što s vama onako učtivo govori.
NANČIKA: Zar ti nisi imala druga posla, nego u mene da gledaš?
MILČIKA: Nisam vas skoro tako raspoloženu videla.
NANČIKA: Morala sam, zašto ti je otac poznat kao veliki rodoljubac.
MILČIKA: Da vas je Zelenićka čula!
NANČIKA: I ona mi hoće da je neka rodoljubica, kao da ljudi ne znaju njene tragove.
MILČIKA: Ali je baš fad.
NANČIKA: Kao i to mi nešto vredi, što čita srpske knjige.
MILČIKA: Mene je strašno jedilo, kad je navalila bila da promenite ime.
NANČIKA: Dabogme, kad je njeno ružno.
MILČIKA *(gleda na pendžer)*: Jao, mama! Eno je sokakom, sigurno će k nama.
NANČIKA: Neka ide k vragu!

## II

### EDEN, PREĐAŠNJI

EDEN: Edeš anjam.
NANČIKA *(na njega)*: Eređ pokolba!
EDEN *(pobegne)*.

NANČIKA: Treba da ga čuvam od Zelenićke, jer će upaliti varoš, što dete ne zna srpski.

MILČIKA: Tako nam zameraju, što držimo Eržu u službi.

NANČIKA: I nju moramo otpustiti.

MILČIKA: Dobra devojka.

NANČIKA: Što mu drago. *(Kucanje na vrata):* Herajn!

## III

### ZELENIĆKA, PREĐAŠNJI

ZELENIĆKA: „Slobodno", slatke moje, ili „izvol'te, zapovedajte", to je lepše, nego „herajn".

NANČIKA: Vi imate pravo, ali smo se tako navikle.

ZELENIĆKA: Ah, dim tuđeg elementa davio nas je mnogo godina! No Danica je i našoj narodnosti svoje bagrjanošarno lice pomolila; samo ne treba ni mi da spavamo. I koliko god muških za Srpstvo rade, toliko triput više našem polu ova dužnost na srdcu ležati mora.

NANČIKA: Mi se ne možemo tući.

ZELENIĆKA: Tući? To niko od nas ne zahteva; premda žar rodoljubija može potpaliti i nežne persi krasnoga pola. Primera ima dosta u istoriji. Vama valjda nije poznato opredeljenije amazonkinja.

MILČIKA: Šnajder List najbolje pravi takve haljine.

ZELENIĆKA: Krojač List — da, no istorija amazonkinja pokrivena je tavnilom drevnosti. One su nosile oružje i išle u boj, kao svaki vojnik.

NANČIKA: To sad nije u modi.

ZELENIĆKA: Sad je najveća moda, draga moja, rodoljubije. I koja se srpska kći sme toga odricati? Ja bih sama uzela na sebe nekoliko bataljona ženske vojske organizirati, da se nije druga ideja u meni porodila. Mi moramo, draga moja, da osnujemo „Odbor rodoljubica", kojega će cel biti: rasprostirati narodnost. Ja sam već tri dana na štatutima radila, i biću ovih dana gotova.

NANČIKA: To je lepo. No, mislim, da će biti opasno, dok su ovde Madžari.

ZELENIĆKA: Šta, mi da se bojimo? Bez žertve ne može biti. I mi treba da pokažemo svetu, kako Srpkinja poginuti ume za svoju narodnost. — Međutim umemo i predostrožne biti, da niko ne primeti, čemu naša namera teži, a za bolji uspeh pozvaćemo u naše društvo pogdekog od oficira, koji su mlađi, jer ovi manje prave primječanija o politici, i tako možemo naše blagodjetelno zavedenije umotati nevinošću soarea.

NANČIKA: Ako je tako, onda je vaš plan vrlo mudar.

MILČIKA: Mami, i ja ću da stupim u to društvo.

ZELENIĆKA: Svaka, koja ima čuvstva narodnosti, mora, i stupiće rado u našu sredinu. A još dokle vidite plan!

NANČIKA: On mora dobar biti, kako je od vas.

ZELENIĆKA: O, ja sam vam sada u velikoj zabuni, jer sam osim toga obratila vnimanije, da postignem, kako se prave barikade. Jedva sam malo neko ponjatije dobila.

MILČIKA: Ja to ništa ne razumem.

ZELENIĆKA: Verujem, draga moja, tu treba razmišlenija.

MILČIKA: Ja sam čitala, kako su kod Sentomaša davali krajcfajer, ali ne znam šta je to.

ZELENIĆKA: Bitka sentomaška biće najlepši predmet našim stihotvorcima. I sama sam počela jedan spev, tako me je voshitilo. — Koji hoće da predstavi sebi užasnost ove bitke, mora u umu voobraziti ceo predel. *(Izvadi kredu i počne po astalu šarati):* Vidite, ovde leži Sentomaš, ovde Turija.

MILČIKA *(materi lagano)*: Mami, az ištenirt, politirat astal!

ZELENIĆKA: Ovako stoje šancevi: prvi, drugi, treći.

## IV

## GAVRILOVIĆ, PREĐAŠNJI

GAVRILOVIĆ: Sluga sam ponizan.

NANČIKA: Službenica.

ZELENIĆKA: Prvi je dubok pô fata, drugi čitav fat, i fat i po širok.

GAVRILOVIĆ: Molim, je li kod kuće gospodin Žutilov?

ZELENIĆKA: Gledajte, kako ovi šančevi idu cikcak. Ovde su namešteni topovi, ovde, i ovde. S ove je strane rit i blato.

GAVRILOVIĆ: Je l'te, molim, je li gospodin Žutilov kod kuće?

NANČIKA: Nije.

ZELENIĆKA *(Gavriloviću)*: I vi biste mogli malo paziti, a ne prekidati bitku u najvećoj vatri.

GAVRILOVIĆ: Oprostite, meni gospodin Žutilov nužno treba.

ZELENIĆKA: Bitka sentomaška tako je velika stvar za nas, da svaki mora sve poslove svoje na stranu ostaviti. Dakle, dalje. Sad su Madžari stajali ovde, ovde su se postirali konjanici, a odavde su jurišali. Vidite, odavde topovi biju ovamo, a odavde onamo, i tako dalje. Sad možete misliti, kako su Madžari stradali. U ovom šancu imali su Srblji sakrivene topove, i iz njih su karteči sipali kao kiša.

GAVRILOVIĆ: Bogami, vi baš lepo tolkujete, ne tamo ovamo!

ZELENIĆKA: Sad se može lako znati, da će Srblji pobediti svoje neprijatelje.

GAVRILOVIĆ: Badava, ljudi mnogo stradaju! Koliko je sela propalo, koliko njih ostalo bez dobra, bez pokrivača. Srce mi u utrobi plače.

ZELENIĆKA: Ha, ha, ha! Srblji bi hteli nešto, a neće da reskiraju. Nek propada ne samo koliko je dosad pogoreno i opustošeno, nego i dvaput još toliko! Vi žalite srpska sela, a kako je u Italiji propala najlepša varoš Mantua.

GAVRILOVIĆ: Ja žalim što je naše, i što ljudi stradaju.

ZELENIĆKA: Sve nek propadne, pa će opet za neko vreme procvetati kao Feniks. — Zar mislite, da se tako lako kupuje sloboda? O, moj Gavriloviću, kuće padaju i dižu se, a narodnost živi.

GAVRILOVIĆ: Da ste videli kako je jedna mati za sinom plakala, i opet jedna žena za mužem.

ZELENIĆKA: Ha, ha, ha! A plaču li, kad im inače ko pogine ili umre? Vidite: žena — ona će dobiti drugog muža, ili će se dičiti što je udovica za narodnost poginuvšeg junaka; mati — ona bi, kao Srpkinja, morala plakati, kad bi joj sin na postelji umro.

GAVRILOVIĆ: Tako govoriti kao vi, to je retkost kod ženskih.

ZELENIĆKA: Zašto svaka ne oseća, šta je nacionalni ponos.

## V

## LEPRŠIĆ, PREĐAŠNJI

LEPRŠIĆ *(peva)*:

*Ura, eto ploda,*
*Došô nam je vojvoda!*

ZELENIĆKA: Nećače, nećače, zar sam dočekala, da me zmija iz ruže narodnosti ujede, da mi sunce potamni onda, kad sam mislila, da najlepše svetli?

LEPRŠIĆ: Šta je vama, gospoja ujna?

ZELENIĆKA: Šta je? Ta mrska kokarda sme li dičiti srce pravog Srbina?

LEPRŠIĆ: Ovo je zbog narodnosti, gospoja ujna.

ZELENIĆKA: Uh, uh! Narodnost i madžarska kokarda! Mene će udariti kaplja, to jest šlog. Ja moram pasti u nesvest!

LEPRŠIĆ *(odgrne haljinu i pokaže srpsku kokardu)*: Gospoja ujna, gledajte šta je ovo.

ZELENIĆKA: Kokarda srpska! Kako se može Srbin i Madžar složiti? To je nečuveno.

LEPRŠIĆ: Ja vam kažem, da se sve čini iz ljubavi k narodnosti.

ZELENIĆKA: Ali kako, kad se primečava madžarština?

LEPRŠIĆ: Samo molim, razmislite u kakvom otnošeniju. Do srca nam leži kokarda narodna, jer naša srca dišu duhom narodnosti; a spolja vidi se kokarda madžarska, da se zna, da još nije zatrt neprijatelj i da treba tući se. Virginiju nisu hoteli sahraniti, da se mrzost naroda protiv tirana ne ugasi, a to je cel madžarskih kokarda.

ZELENIĆKA: Priznajem da sam i ja jedanput pogrešila. Ali onaj je tek pravi filosof, koji priznaje svoju pogrešku. Svi da pridenemo madžarske kokarde.

GAVRILOVIĆ: Eto ti sad opet!

ZELENIĆKA: Koji ne metne madžarsku kokardu, taj je madžaron, taj je izdajica. *(Gavriloviću):* Ja znam, vi nećete.

GAVRILOVIĆ: Pre ste vikali da je madžaron, koji metne, a sad opet, koji ne metne. Najposle će postati i onaj madžaron, koji ne ushte pomadžariti se.

LEPRŠIĆ: Već vaša su nam čuvstva dobro poznata, boljega dokazatelstva ne potrebujemo.

GAVRILOVIĆ: Koliko sam ja za Srpstvo činio i koliko je drugi, to svet najbolje zna. A vi sudite, kako hoćete.

ZELENIĆKA: Ali, molim vas, pitajte se sami: vi se neprestano teškate, što ljudi ginu i što nam se sela pale; nije li to očevidno protiv narodnosti?

GAVRILOVIĆ: Kako bi to bilo protiv narodnosti?

ZELENIĆKA: To drugim rečima znači: što Srblji ginu i što im se sela utamanjuju, to ne valja, dakle: ne valja ni što se s Madžarima biju i što svoju narodnost traže.

GAVRILOVIĆ *(sleže ramenima).*
ZELENIĆKA: Vidite. Dakle, odbacite od sebe sve protivonarodne misli i metnite madžarsku kokardu, da se svet o vašem rodoljubiju uveri.
GAVRILOVIĆ: Ja kokardu ne mećem ni srpsku, a kamoli madžarsku.
ZELENIĆKA: Dobro se promislite.
GAVRILOVIĆ: Ja sam se promislio. Aratos vam i takve narodnosti i takve slobode! *(Srdito otide.)*
ZELENIĆKA: Jeste li ga čuli?
NANČIKA: Pravi madžaron.
LEPRŠIĆ: Sad je već jasno.
ZELENIĆKA: Gori od samog Madžara.
LEPRŠIĆ: Kad madžarsku kokardu odbacuje.
ZELENIĆKA *(Nančiki)*: Ne, društvo, ništa nego društvo; to je od neophodime potrebe.
LEPRŠIĆ: Kakvo društvo?
ZELENIĆKA: Već sad ne pitajte. Za nekoliko dana tako će vam i ovaj Gavrilović i drugi madžaroni postati rodoljupci, te će i turske kokarde poređati. Jeste li čitali novine, nećače?
LEPRŠIĆ: E, novine su nam zabranili.
ZELENIĆKA: E, nek se miri sad s njima, ko može. Pređe je baš stajalo kako su varvari, i sad su delom to dokazali. Ko još zabranjuje narodu pisati i čitati?
LEPRŠIĆ: Osvanuće i njima crni petak, jer je prispeo vojvoda.
ZELENIĆKA: Šupljikac došao? Pa nema ni iluminacije!
LEPRŠIĆ: Čini mi se, slabo smo i s njim pogodili. Hteli su ga sjajno dočekati, kao što se pristoji, ali on dođe inkognito, i još ih je karao, što troše novce na takve stvari, za koje, kaže, moglo bi se baruta kupiti.
ZELENIĆKA: Šta, šta? To nije vojvoda!

LEPRŠIĆ: Ko je kupovao barut dosad, kupovaće i odsad. Za to nije trebalo ljudima volju kvariti.

ZELENIĆKA: Šupalj je taj Šupljikac.

LEPRŠIĆ: Da čujete šta je još radio: neki rodoljupci ispregnu mu konje i nameste se, da ga vuku u varoš. Pa znate li šta im je rekao? Da on nije došao, da bude vojvoda konjma, nego ljudma.

ZELENIĆKA: Šta? Najveći rodoljupci konji?

LEPRŠIĆ: Eto, tako nam stvari stoje. Voleo je sići s kola i ući peške u varoš, nego da ga sjajno vuku.

ZELENIĆKA: Je li to sve istina, zaboga?

LEPRŠIĆ: Prava, cela istina.

ZELENIĆKA: Ta to je madžaron!

LEPRŠIĆ: I ja sam kazao. Da vidite, kako je psovao, što su spalili Debeljaču.

ZELENIĆKA: Debeljaču, madžarsko selo! O, Bože, kad ćeš nas madžarona oprostiti!

## VI

### ŽUTILOV, PREĐAŠNJI

ŽUTILOV: Novine preko novina!

ZELENIĆKA: Bolje da ih i nemamo.

ŽUTILOV: Mislim, da se mi držimo Madžara.

ZELENIĆKA: Šta, kako?

LEPRŠIĆ: Kad može srpski vojvoda, zašto ne bismo i mi?

ZELENIĆKA: Gotovo imate pravo.

ŽUTILOV: Bilo je bitke.

ZELENIĆKA *(živo)*: Je li? Gde?

ŽUTILOV: Na mnogo mesta; no nije najbolje ispalo.

ZELENIĆKA: A zar može bolje biti kod tolikih madžarona?

ŽUTILOV: Kod Alibunara su se žestoko tukli. Madžara je palo nebrojeno, ali su naši morali reterirati.
ZELENIĆKA: Ništa, samo ako je mnogo Madžara palo.
ŽUTILOV: Palo ih je, te se broja ne zna. Zato, od jeda i žalosti, sve selo spale.
LEPRŠIĆ: Varvari!
ZELENIĆKA: Ništa za to; platiće se sve to iz dobara buntovnika.
LEPRŠIĆ: Bogami, pravo kažete. Da gledamo da i druga sela popalimo, bar će posle lepša biti.
ŽUTILOV: Pre toga bila je bitka na Tomaševcima, gde ih je vrli Knićanin strašno potukao. No bitka alibunarska poremetila je srpsku hrabrost, Madžari ponovo pođu na Tomaševac, i dođu u Jarkovac na konak. Srblji to dočuju i napadnu noću na njih. Šta je Madžara tu izginulo, kažu da je za pripovest. Sve su im topove bili oteli. No kako se dogodi, dogodi, tek naši reteriraju i ostave im sve topove.
ZELENIĆKA: Izdajstvo!
ŽUTILOV: Kažu, no ko će to znati? Sad se Madžari vrate u selo, i ne samo što ga popale, nego i sve, što su našli, malo i veliko, potuku.
LEPRŠIĆ: O varvarskog naroda!
ZELENIĆKA: Dobro je to: sad će se tek Serbijanci ogorčiti, pa će biti trista jada od njih!
ŽUTILOV: Ja bih rekao, da se mi složimo s Madžarima. Od Srbalja, vidim, neće biti ništa.
ZELENIĆKA: Šta, gospodine Žutilove, vi koji ste bili ogledalo rodoljubaca!
ŽUTILOV: A šta pomaže, kad smo slabi?
LEPRŠIĆ: Mi slabi? Tri smo na jednoga.
ŽUTILOV: Tri je njih na nas jednoga.
LEPRŠIĆ: A Ban i Vindišgrec?
ŽUTILOV: Dok oni dođu, ovde nas mogu sve istrebiti.

ZELENIĆKA: Nek istrebe. S otim će se više sami istrebiti.

LEPRŠIĆ: Meni je svejedno; ako ne može biti srpsko, biće slavjansko carstvo.

## VII

### SMRDIĆ, ŠERBULIĆ, PREĐAŠNJI

SMRDIĆ: Znate li šta je novo?

ŽUTILOV: Da čujemo.

SMRDIĆ: Bila je bitka kod Pančeva; tu su Madžari potučeni do noge. No to je ništa.

ZELENIĆKA: Ništa? Kad Srbin slavnu pobedu održi, to je ništa? O, nebo!

SMRDIĆ: Ima važnijih novina.

ZELENIĆKA: Ništa nema važnijega od srpske pobede.

SMRDIĆ: Pala Pešta.

SVI: Šta, šta?

SMRDIĆ: Vidim ja, gde se nešto razmuvali, pa zapitam moga honvida, koga inače lepo hranim, šta je to? Ej, uram, rekne mi, nije dobro; izgubili smo i Peštu i Budim, i sad moramo da marširamo gore.

ZELENIĆKA: Ta je li to istina, zaboga!

SMRDIĆ: Tako mi soldat kaže. No umro nam je vojvoda.

ZELENIKA: Slaba šteta, kad nije rodoljubac, da valja Pešta i Budim važnija je za nas vest.

LEPRŠIĆ: Jesam li ja kazao da moraju propasti?

ZELENIĆKA: O, hvala Bogu, kad smo dočekali da i naša vlada bude!

LEPRŠIĆ: Odmah da se odbor uredi.

ŽUTILOV: To se razume. Mi potrebujemo narodne vlasti.

LEPRŠIĆ: Madžarone nipošto u službu.
ŠERBULIĆ: Šta? Madžarone treba potući kao skotove.
ŽUTILOV: Dosta smo od njih stradali.
SMRDIĆ: Ja sam se više bojao njih, nego samih Madžara.
ŽUTILOV: A, oni su mnogo opasniji bili.
ŠERBULIĆ: Da se svi popišu, pa da pošljemo Servijancima.
SMRDIĆ: Kako je Pavlović jednom prilikom u kafani rekao da su Srbi ludi.
ŽUTILOV: Madžaron, da se zapiše.
ŠERBULIĆ: A Milić je jedanput javno govorio: da se sami bankroti i kojekakve protuve načinili rodoljupcima.
ŽUTILOV: Treba ga zabeležiti.
ŠERBULIĆ: Oni, koji su išli da mole za Kuzmana Perkića, treba da se popišu. Da nisu madžaroni, kako bi im Madžari molbu uvažili?
ŽUTILOV: To se razumeva.
SMRDIĆ: A Milić, što me nazvao rodoljupskom hulom.
ZELENIĆKA: O, i on, i Jelkić, i svi, koji su se usudili protiv Srpstva sogrešiti!

## VIII

### MILČIKA, PREĐAŠNJI

MILČIKA: Znate li šta je novo? Madžari odlaze.
ŽUTILOV: Dakle zacelo?
MILČIKA: Eno puna pijaca ljudi. Pešta je pala.
ŠERBULIĆ: Hajdete, da gledamo, kako će da beže.
LEPRŠIĆ:

*Na noge, Srbi braćo,*
*Sloboda zove!*

# DEJSTVO ČETVRTO

### I

### ŽUTILOV (sam)

ŽUTILOV: Opet je pametno bilo sa Srbljima držati. Pod Madžarima nisam ni za deset godina toliko dobio, koliko sad za ovo kratko vreme. A još, da mi Gavrilović toliko ne smeta!

### II

### NANČIKA, PREĐAŠNJI

NANČIKA: Neki te Nemci traže.
ŽUTILOV: Šta će?
NANČIKA: Došli, da mole za Petra Grinentala.
ŽUTILOV: Ne može da bude.
NANČIKA: Dali sto forinti srebra.
ŽUTILOV: Ne može da bude.
NANČIKA: Ja sam novce primila.
ŽUTILOV: Jesi li ti luda?
NANČIKA: Ti si mi kazao, da sve primam.
ŽUTILOV: Za Grinentala sto forinti? Hiljada je malo. Nek mu se sekvestira imanje, koliko će izgubiti?
NANČIKA: Je li u takvoj meri kriv?
ŽUTILOV: On je Nemac, pa mir. Nemci su bili protiv nas.

NANČIKA: Pa šta ćemo raditi?

ŽUTILOV: Novce im baci natrag. Danas nemam kad s njima govoriti.

NANČIKA: Neka dođu predveče, onda si sâm. *(Odlazi.)*

ŽUTILOV: Gledaj im ti posla! Predsjedatelju odbora sto forinti!

NANČIKA *(vrati se)*: Snuždili se, kad sam im novce vratila.

ŽUTILOV: Jesi li im dala na znanje?

NANČIKA: Već uredila sam. Samo kad bi se više takovih pozatvaralo.

ŽUTILOV: Ovi su naše nesreće.

NANČIKA: Onaj Fric, kažu da je bogat.

ŽUTILOV: Taj je već uređen.

NANČIKA: Šta je s Čivutima?

ŽUTILOV: Treba da se proteraju, ali nemam s kim.

NANČIKA: Smrdić misli, da je bolje ovako da ih cedite, nego da im se dobra sekvestriraju, zašto bi došlo u narodnu kasu.

ŽUTILOV: Smrdić je magarac. Kakva kasa? Mi smo narod, a ne drugi, i šta je narodno, to je i naše.

NANČIKA: Tako je. Kakvi su onih pet stotina forinti, što si juče doneo?

ŽUTILOV: To je od čoje, što sam na licitaciji prodao.

NANČIKA: Ne znam, no čini mi se da ovi narodni komisari dobro prolaze. Kod Milošića toliko se vuče, da svima već pada u oči.

ŽUTILOV: Taj mnogo pljačka.

NANČIKA: Zašto i ti ne gledaš to?

ŽUTILOV: Ja sam zadržao za se spahijska dobra.

NANČIKA: Samo da ti odbor ne stane na put.

ŽUTILOV: Svaki od njih ima svoje, a Gavrilovića, koji jednako reži, mi ćemo napolje.

NANČIKA: I tako je madžaron! — Poslao ti je šnajder kontu.

ŽUTILOV: Kakvu kontu? U Vojvodini se ne plaćaju dugovi madžarski.

NANČIKA: Kaže, da mu trebaju novci.

ŽUTILOV: A zna li on da je madžaron? — Sutra se mora u odboru zaključiti, da sve, što je pod Madžarima rađeno, nikakve sile nema. Procesi se uništavaju. U mladoj Vojvodini treba sve iznova početi.

NANČIKA: Dobro bi bilo, kad bi pocepao ona pismena, po kojima smo dužni za arendu.

ŽUTILOV: Sva će se arhiva pocepati. Ko može trpeti madžarske protokole u Vojvodini srpskoj.

NANČIKA: A šta ćemo s onom obligacijom kod Nađ Pala?

ŽUTILOV: Ja sam ti kazao, da je madžarski jezik kasirat. Sve što je njime pisato, ništa ne važi.

## III

### SMRDIĆ, PREĐAŠNJI

SMRDIĆ: A ko je pustio Humla iz zatvora?

ŽUTILOV: Ja sam.

SMRDIĆ: Kako ste to mogli učiniti, bez znanja celoga odbora? Nije se stvar, kako valja, ni ispitala; sve kao preko bundeva.

ŽUTILOV: Ja sam našao da je nevin.

SMRDIĆ: Kako bi on bio nevin, kad je celoj varoši poznato, šta je radio? Kod nas se baš naopako radi.

ŽUTILOV: Ja sam predsjedatelj odbora.

SMRDIĆ: Predsjedatelj odbora mogu biti i ja, i, mislim, da imam malo više zasluga nego vi. Jer, kad su se cepali protokoli, vi ste gledali kroz prozor, a ja sam napred išao.

ŽUTILOV: Zar vam nije dosta što ste član?

SMRDIĆ: Kao po kom pravu predsjedatelj nešto više znači, nego drugi članovi? Ako se nešto na licitaciji proda, te novce niko ne vidi; ako se marva zakolje, od kože i loja nigde računa. Koga hoćete, zatvorite; koji vam šta da, onoga puštate. Mene ste odredili za kvartire, i da vam polja čuvam; a gde se može što dobiti, tu su drugi. Kako su ti ljudi pametni!
ŽUTILOV: Hoćete li da budete komesar u kakvom srezu?
SMRDIĆ: Dabogme, kad su drugi sve opapoljili.
ŽUTILOV: Vi znate, da je Vojnović bio bolestan, niti je mogao svoj srez obići.
SMRDIĆ: Videćemo. Pa onda za moga sinovca: obećali ste mu službu, pa ništa! A drugi mogu vući plaću.
ŽUTILOV: Zaboga, nudio sam ga, da bude podsekretar, pa kaže, da nije za to. Šta ću da radim?
SMRDIĆ: Dajte mu što je za njega. Je li pravo, da on, kao poznati rodoljubac, ništa ne dobije; a drugi, koji su dvoličili, ili koji su poznati kao madžaroni, plaću beru?
ŽUTILOV: Biće sve, biće, samo se malo pretrpite. Znate li, da ne spavam više od sedam sati? Ovaj ovo, onaj ono, aratos ti i službe! Eno, ni Čivuti još nisu proterani.
SMRDIĆ: Što se Čivuta tiče, neka još malo postoji.
ŽUTILOV: Znate li vi, da Vojvodina mora biti čista; znate li?
SMRDIĆ: Mi je čistimo, koliko je moguće; no što se Čivuta tiče, ovako je bolje.
ŽUTILOV: Badava, kad se ljudma ne može dokazati; pa onda im je kriv predsjedatelj. „Hoćemo Vojvodinu čistu, da se madžaroni proteraju", a kad čovek počne raditi, oni ne dadu.
SMRDIĆ: I osim Čivuta ima se dosta raditi. Uzmite, koliko njih ima bez brkova, i to Srbalja. Srbin bez brkova ne može biti Srbin, dakle je madžaron.
NANČIKA: I Madžari nose brkove.

SMRDIĆ: Jeste; ali Nemci ne nose, a oni su poznati kao madžaroni; dakle i Srblji bez brkova jesu madžaroni. Dalje, mnogi nose brade. Kad je Srbin nosio bradu? To je za honvide. Dakle i ove treba privući.

NANČIKA: Ali gdekom baš lepo stoji brada.

SMRDIĆ: U Vojvodini stoji lepo, što je narodno.

## IV

## ŠERBULIĆ, PREĐAŠNJI

ŽUTILOV: Evo gospodina Šerbulića. Dobro došli!

ŠERBULIĆ: Ja verujem da je vama dobro. Namestili ste se lepo u odboru, pa punite kesu; a drugi neka čačkaju zube.

SMRDIĆ: E, šta se vi opet ljutite?

ŠERBULIĆ: Šta se ljutim? Dok su bili Madžari, ko se više s njima mešao i drugovao nego vi. Častili ste ih, vaše žene i kćeri išle na bal i s honvidima igrale; pa vi u odboru, a ja, koji sam protokole cepao, ništa.

ŽUTILOV: Ne brinite gospodine Šerbuliću, biće službe i za vas.

ŠERBULIĆ: To ste mi još prvi put kazali, pa na tom je i ostalo. Rodoljupci, vi rodoljupci! Šta ste za narod učinili?

SMRDIĆ: A šta ste učinili vi?

ŠERBULIĆ: Više od vas. Ko je po kafanama javno govorio, da Srblji moraju dobiti, nego ja; ja se čudim, kako su me Madžari trpeli.

SMRDIĆ *(smeši se)*: Znali su, da niste vredni ništa učiniti.

ŠERBULIĆ: Ja nisam? Nego vi, koji ste tolike ljude prevarili i bankrotirali?

SMRDIĆ: Opet nisam nosio prange, kao vi.

ŠERBULIĆ: Ne prange, jer prange mogu i pošteni ljudi nositi, nego ste drugo što zaslužili za vaša nevaljalstva.

ŽUTILOV: Pst, pst!

ŠERBULIĆ: Nije to „pst", nego hoću sve da kažem. Kad je trebalo za narod raditi, vi mi niste vikali „pst", nego „hajde, ludi Šerbuliću!"

SMRDIĆ: Već ako Vlasi ne podignu narod srpski, neće niko.

ŠERBULIĆ: Ja Vlah? Ej, zašto sad nema Servijanaca, da mu pokažem, kome će se podsmevati.

SMRDIĆ: A kako me vi možete nazvati bankrotom?

ŠERBULIĆ: To je istina!

SMRDIĆ: Pa istina je da ste i vi Vlah. Nije li vam otac govorio: „Lepa je vremja!"

ŠERBULIĆ: Moj se otac vas ne tiče ništa.

ŽUTILOV: Az ištenirt! Vi ste inače dobri prijatelji bili, pa sad da se svađate.

ŠERBULIĆ: Ne znam za to; ja hoću službu, pa kraj. Kad mogu kojekakvi bankroti i madžaroni širiti se, valjda treba i ja što da stečem, koji tolike zasluge imam.

ŽUTILOV: Znate li šta je: da isteramo Gavrilovića iz odbora, koji je i tako madžaron, pa da namestimo vas mesto njega.

SMRDIĆ: To bi dobro bilo.

ŽUTILOV: I tako nam mnogo koješta kvari.

ŠERBULIĆ: Već, ako on nije madžaron, onda niko nije.

ŽUTILOV: O tom nema sumnje. I oni su magarci bili, koji su ga izabrali.

SMRDIĆ: Ta znate: što je načinio crkvu o svom trošku, pa ljudima ostalo to u glavi.

ŠERBULIĆ: Dabogme, lako je praviti crkve, kad mu se presipa.

ŽUTILOV: Neka i pet crkava sazida, kako se zna da je madžaron, ki. Ali Srbin je kukavica.

SMRDIĆ: I ja kažem.

ŽUTILOV: Kad nas sama reč „madžaron" ne dira u srce, onda teško narodnosti!

## V

### LEPRŠIĆ, PREĐAŠNJI

ŽUTILOV: Eto i gospodina sekretara. Zašto tako snužđeni, gospodine Lepršiću?
LEPRŠIĆ: Nije dobro: kvare nam odbore.
ŽUTILOV: Ko sme dirnuti u narodnu zenicu?
LEPRŠIĆ: Naši prijatelji. Ni barjake nam ne trpe.
ŽUTILOV: Već za barjake može i proći, ali u odbor dirnuti, to je Srbinu najsvetije.
LEPRŠIĆ: Eto tako! Narod se tukao i krv prolivao, pa zašto? — Ni svoje vlasti da ne može imati?
SMRDIĆ: Ali kako to sme biti?
LEPRŠIĆ: I ja se čudim. Srblje uvrediti, uvrediti zmije ljute!
ŠERBULIĆ: Tako nam treba, kad nismo držali s Madžarima.
LEPRŠIĆ: Mnogi nam se smeju i nazivaju nas fantastama.
ŠERBULIĆ: Tako nam treba.
LEPRŠIĆ: Našem novoustrojenom praviteljstvu rugaju se i kažu, da je to od nas ludost. Štaviše, i samo naše popečiteljstvo finansije ne priznaju, nego sva dobra kameralna, koja Vojvodini pripadaju, uzeli su natrag i naše činovnike teraju.
SMRDIĆ: Može li biti što gore od ovoga?
LEPRŠIĆ: Kod nas može, jer i sami buntovnici dobijaju zaštitno pismo, i dobra, koja smo im kao rebelima sekvestrirali, ili prodali, treba da se vrate natrag.
ŽUTILOV: To ne sme da bude!

LEPRŠIĆ: Tako je. No i zaslužili smo, jer nemamo ljudi. Uzmite sredotočno pravlenije, koje je ovih dana ustanovljeno: kakvi su činovnici?

ŽUTILOV: To je istina; nijednog od nas.

LEPRŠIĆ: Naše praviteljstvo nema eneržije, nema duha, odvažnosti, plana; jednim slovom: nema pameti, pa nam naopako ide. Ja da sam u glavnom odboru! Ali sad se u službe uvlače, koji se znadu većma ulagivati!

ŽUTILOV: Treba načiniti protestaciju; treba načiniti plan, kako se prava Vojvodine čuvaju, i one u glavnom odboru osramotiti.

## VI

### GAVRILOVIĆ, PREĐAŠNJI

ŽUTILOV: Dobro kad ste došli, gospodine Gavriloviću, vama je dobro poznato, kad je naš odbor ustrojen.

GAVRILOVIĆ: Ostavite se sad toga, imamo drugu nevolju. Sentomaš je pao.

SVI *(uplašeno)*: Šta?

GAVRILOVIĆ: Patrijarh je u ponoći ostavio Bečkerek i otišao u Zemun. Sva je Bačka i Banat u velikom strahu.

SMRDIĆ: Brzo da preteramo marvu u Serviju.

LEPRŠIĆ: I Srbobran pao, kažete vi?

GAVRILOVIĆ: Tako je.

LEPRŠIĆ: To je laž, to je izmišlenije!

GAVRILOVIĆ: Dabogda, no bojim se, da ne bude istina.

LEPRŠIĆ: Pre će Komoran pasti, nego Srbobran, srpski Gibraltar. I pomisliti to, sramota je za Srbina, a kamoli verovati.

ŠERBULIĆ: O, već je dokazano, da je Gavrilović madžaron!

SMRDIĆ: Zaista.

ŽUTILOV: Takav Srbin, koji jednako proriče Srbljima zlo, ne može se više trpeti u odboru.

ŠERBULIĆ: I ne može: mi trebamo čestite ljude.

GAVRILOVIĆ: Vi znate, da se ja nisam ni otimao.

ŽUTILOV: Otimali ili ne otimali, vi ste kasirani, pa kraj.

## VII

### SKOROTEČA stupi i preda ŽUTILOVU pismo; potom izlazi; ŽUTILOV čita u sebi.

ŠERBULIĆ *(Gavriloviću)*: Da su svi rodoljupci, kao vi, teško bi narodu bilo!

SMRDIĆ: Više ste nam kvarili u odboru, nego pomagali.

ŽUTILOV: Evo buletine od samog Patrijarha: Komoran je pao; Otinger dolazi s jednom brigadom nama u pomoć; Puhner dobio vest, da će toliko Rusa preko Oršave doći, koliko je nužno. *(Gavriloviću):* No, kako sad stojimo?

GAVRILOVIĆ: Meni je to milo; ali ja sam onakovo dobio pismo.

ŽUTILOV: Vi sve druge korešpodente imate, zašto ste uvek protiv Srpstva.

ŠERBULIĆ: Ovo je izdajnik, treba ga primerno kazniti.

SMRDIĆ: Pravo kažete.

ŠERBULIĆ: Isterati ga iz odbora, to nije ništa; no treba mu dobro konfiscirati, kao svakom drugom buntovniku.

SMRDIĆ: Ništa nego pravo.

GAVRILOVIĆ: Ali, molim vas, to nije iz moje glave izašlo. Evo pisma.

ŽUTILOV: Ne pomaže vam ništa.

## VIII

### SKOROTEČA, PREĐAŠNJI

SKOROTEČA: Molim, hoću li kakav odgovor dobiti?
ŽUTILOV: Odmah. Vi dolazite iz Bečkereka?
SKOROTEČA: Iz Bečkereka.
ŽUTILOV: Šta je novo tamo?
SKOROTEČA: Nije najbolje. Sentomaš pao.
ŽUTILOV: Je li to istina?
SKOROTEČA: Zacelo.
ŽUTILOV: Ali evo, u buletini drugojače stoji.
SKOROTEČA: Ne znam, tek kod nas je veliki strah.
ŠERBULIĆ: Zaboga, kud ćemo sad?
LEPRŠIĆ: Ali kako može Sentomaš pasti?
SKOROTEČA: Čujemo, da su malo topova imali.
LEPRŠIĆ: Dakle, izdajstvo!
ŽUTILOV: Ja nemam šta pisati; jer kad je Sentomaš pao, ni mi ne možemo biti sigurni.
SKOROTEČA: Samo da se nije toliko pljačkalo. *(Odlazi.)*
ŽUTILOV: Šta ćemo raditi?
SMRDIĆ: Ja mislim, da potučemo sve Švabe, i madžarone; jer će nam ovi najviše škoditi, ako se Madžari vrate.

## IX

### MILČIKA, PREĐAŠNJI

MILČIKA: Jeste li čuli novinu?
ŽUTILOV: Šta, lelkem?
MILČIKA: Da Madžari dolaze.
SMRDIĆ: Je li istina, zaboga?

ŠERBULIĆ: Ej teško nama!
ŽUTILOV: Šta ćemo raditi?
SMRDIĆ: Da bežimo.
GAVRILOVIĆ: Kud znamo bežati?
SMRDIĆ: Vi ste i tako madžaron, vi možete ostati.
ŠERBULIĆ: Kako bi bilo da zovemo Nađ Pala?
ŽUTILOV: Vi znate šta je bilo s Nađ Palom i da nam on ne može oprostiti. Nego da podelimo kasu, pa da bežimo u Serbiju.
GAVRILOVIĆ: Zaboga, kako će se kasa deliti, kad nije naša!
ŽUTILOV: Ja znam, vi bi voleli, da padne Madžarima u ruke.

## X

### ZELENIĆKA, PREĐAŠNJI

ZELENIĆKA: Gde je taj odbor? Šta se čini to?
LEPRŠIĆ: Šta, gospoja ujna?
ZELENIĆKA: Znate li vi, da se Madžari vraćaju?
ŽUTILOV: To je nama poznato.
ZELENIĆKA: Pa, šta ste skrstili ruke? Šta se ne spremate?
SMRDIĆ: A šta znamo činiti?
ZELENIĆKA: Šta znate činiti? Što ne kopate redute? Otkad ja vičem, da se kopaju reduti! Gde su barikade? Svi na noge, pa se oružajte!
ŠERBULIĆ: Mi ne umemo tući se.
SMRDIĆ: Mi smo u odboru.
LEPRŠIĆ: Ja bih, ali šta jedan čovek može činiti.
ZELENIĆKA: Sram i stid! Vi potomci Dušanovi? Odite, rodoljubice, da mi operemo obraz narodnosti. *(Uzme pušku koja je u uglu visila):* Mi ćemo spasti Srpstvo.

NANČIKA: Pravo kažete. *(Iznese iz druge sobe sablju, koju pripaše, a Milčika uzme dva pištolja.)*
ZELENIĆKA: Sad vi bežite kuda znate, mi ćemo ostati.
LEPRŠIĆ: Šta, Srblji? Ovaj sram da podnosim? Ne, u kom vri srpska krv, na oružje!
ŠERBULIĆ: Na oružje, makar svi izginuli!
SMRDIĆ: Tako i jeste. Šta se imamo bojati?
LEPRŠIĆ: Gde su ti Madžari, neka dođu samo!
SMRDIĆ: Dajte ovamo Nađ Pala, da mu sečemo duvan na glavi.
ŠERBULIĆ: Pravo, dajte ga!
ZELENIĆKA: Gde je barjak? Bez barjaka ne može se vojevati.
ŠERBULIĆ: Tako je. *(Otrči i donese barjak.)*
ZELENIĆKA: Na ovu svetu zastavu svaki da se zakune! *(Čuje se top):* Šta je to?
SMRDIĆ *(uplašen)*: Madžari!
ŠERBULIĆ: Ej, naopako!
ZELENIĆKA: Kud ćemo sad?
ŽUTILOV: Zaboga, propali smo!
LEPRŠIĆ: Brže da se pošlje pandur, da vidi šta je. *(Istrči napolje.)*
SMRDIĆ: Lepo sam ja govorio, da bežimo u Serbiju. *(Međutim su ženske pobacale oružje; Zelenićka pobegla pod krevet, Nančika i Milčika šćućurile se u jednom uglu sobe.)*
ŽUTILOV: Kud se znam okrenuti? Vrag da nosi i Vojvodinu i sve!
SMRDIĆ: Ubio Bog, koji je prvi započeo!
ŠERBULIĆ: Nesreće; kad nisu bili vredni, da nisu ni ustali.
LEPRŠIĆ *(vraća se)*: Madžari su tri štacije daleko. Dakle sutra ako stignu.
SMRDIĆ: Brzo da se beži.
ŽUTILOV: Nančika, brzo spremaj što imaš.
ZELENIĆKA *(ispod kreveta)*: Zaboga, povedite i mene.
LEPRŠIĆ: Gospoja ujna, brzo da se tovari! *(Pobegne.)*

ŠERBULIĆ: Ej, naopako, ej, naopako! *(U metežu svi, osim Gavrilovića, razbegnu se.)*

GAVRILOVIĆ: Kud sam ja pristao? Ako s njima pođem, oni će vikati da sam madžaron; a smem li opet ovde ostati, gde su toliko globili i otimali? Bedni narode, na koga ti spade, da se za tvoju sreću brinu! Oni, koji su se na račun tvoj obogatili, beže; a šta će biti s onima, koji ne mogu bežati, koji su stari, slabi ili bolesni, o tom se niko ne brine. Teško tebi, narode: ti stradaš, a oni se raduju; ti propadaš, a oni se bogate. — No sudbina je naša od Kosova, da prošlost oplakujemo. Idem u beli svet, da ne gledam nesreću naroda; idem, da ne čujem, kako ubice svoga roda, ljudi nevaljali, koji su prange nosili, bez svakoga stida sebe rodoljupcima nazivaju. *(Odlazi.)*

# DEJSTVO PETO

(U Beogradu.)

I

## ŠERBULIĆ, malo potom SMRDIĆ

ŠERBULIĆ *(broji cvancigere u ruci)*: Da ti vrag nosi i takvu zemlju i takvu braću!

SMRDIĆ *(stupi)*: Šta vi radite?

ŠERBULIĆ: Eto, već se plaća četiri cvancika na pet forinti. Ako ustraje ovako, ostaćemo prosjaci.

SMRDIĆ: Ja nisam mislio, da su Servijanci takvi ljudi. Ama čašu vina da mi je ko pružio.

ŠERBULIĆ: Ko je to video? Došli strani ljudi u Serviju, begunci, kod njih da se sklone, a oni ištu po četiri-pet cvancika pride na banku od pet forinti, umesto da svakom dadu fraj kvartir i kost, i da mu još plate, što je voleo pobeći nego ostati pod Madžarima.

SMRDIĆ: Vidim ja, rodoljubije se ne uvažava.

ŠERBULIĆ: Još ste vi dobro; zagrabili ste, kad ste bili u odboru, pa vam ja sad lako.

SMRDIĆ: Koliko sam zagrabio? Čujem, da su mi iz kuće odneli sve.

ŠERBULIĆ: Platila je kasa odborska. Ali ja, ni službe, ni vraga, pa da mi odnesu dvesta merova žita i sto akova vina.

SMRDIĆ: Čujem, da je zato što su vas tužili oni, koje ste opljačkali.

ŠERBULIĆ: Šta sam pljačkao? Lažu.

SMRDIĆ: Govore za onaj šmuk, što vaša supruga nosi.

ŠERBULIĆ: To sam dobio od jednog Madžara, što sam ga iskupio od Servijanaca. Ali ako ovako još potraje, te se ne vratimo kući, otići će bez traga i šmuk i sve.

SMRDIĆ: Taj Rus kao da na puževima ide.

ŠERBULIĆ: Vidim ja, od nas neće biti ništa.

SMRDIĆ: Naši su kukavice; hoćedu Vojvodinu, hoćedu ovo, hoćedu ono, a kad tamo — mućak! Šta su i počinjali, kad nisu bili vredni izraditi.

ŠERBULIĆ: Lagali po novinama sad ovo, sad ono; a nigde ništa, nego su nam ostale kuće da ih upropaste.

SMRDIĆ: Trebalo bi potući sve one, koji su započeli.

ŠERBULIĆ: I ja kažem. Da smo se držali Madžara, nikad bolje. Ali oni „ne, ne", dokle nas ne doteraše u Serviju.

SMRDIĆ: Da gubimo na banknotama.

ŠERBULIĆ: I da me zovu Švabom.

SMRDIĆ: Jest, sad sam mu Švaba! A što je dolazio da nas diže!

## II

### GAVRILOVIĆ, PREĐAŠNJI

SMRDIĆ: A kad ste vi došli?

GAVRILOVIĆ: Kad i svi; nego sam se zadržao u Grockoj.

SMRDIĆ: Vi ste mogli ostati kod kuće, ne bi vam Madžari ništa uradili.

GAVRILOVIĆ: Ta — da se nije toliko pljačkalo...

ŠERBULIĆ: Vama je sve pljačka u glavi. Valjda vam je žao Madžara i Švaba.

GAVRILOVIĆ: Žao mi je svakoga, koji strada nevino.

SMRDIĆ: Nevino! Dakle Madžari i Švabe su nevini?

GAVRILOVIĆ: Kako koji.

SMRDIĆ: Oni zar nisu pljačkali i zla činili?

GAVRILOVIĆ: Jesu, ali naši nisu gledali koji je kriv, nego koji je bogat.

ŠERBULIĆ: Neka pamte, kad je bila srpska Vojvodina!

GAVRILOVIĆ: Ako smo zato ustali tražiti Vojvodinu, da se pljačka i otima, bolje da je nismo ni tražili.

ŠERBULIĆ: Vama je bolje, jer ove godine niste mogli trgovati ni profitirati po vašem običaju. Narod tako ne govori.

GAVRILOVIĆ: Ja vidim, narod pišti po obalama i propada. Zaboga, da se skupimo i damo štogod na sirotinju. Nije pravo da izgine.

ŠERBULIĆ: Bogme niko ne daje ni meni.

SMRDIĆ: Od tolikog vremena sedim ovde na trošku; na banknotama moram da gubim, pa otkuda ću?

GAVRILOVIĆ: Nije li grehota, da naša braća umiru od gladi?

ŠERBULIĆ: Ee, što im drago, ja im pomoći ne mogu.

GAVRILOVIĆ: Ljudi ostali bez kuća, bez marve, bez svega.

SMRDIĆ: Nek čekaju, dok se prodadu madžarska dobra, pa će primiti naknadu.

GAVRILOVIĆ: A donde da skapaju od gladi.

SMRDIĆ: Što im drago! Eno kod Patrijarha narodne kase. Nek ištu od njega.

GAVRILOVIĆ: A gde je naša opštinska kasa?

SMRDIĆ: Šta znam ja gde je. Treba i nama živeti; zato smo bili činovnici Vojvodine.

GAVRILOVIĆ: Ali vi živite u izlišiju, a tamo sirotinja nema ni što je najnužnije. Kolera udarila, ljudi iz nužde jedu nezrelo voće i krastavce, pa će svi poumirati.

SMRDIĆ: Pa gde su ti doktori? Zašto ne kazuju ljudima da je to nezdravo?

GAVRILOVIĆ: Jest, ali treba imati što drugo. Hajdete da nakupimo između nas jedno sto forinti, pa da podelimo međ' sirotinjom.

SMRDIĆ: Sto forinti! Šta vi govorite?

ŠERBULIĆ: Ni sto krajcara ne mogu dati.

GAVRILOVIĆ: Vi, koji se toliko rodoljubijem ponosite!

ŠERBULIĆ: Vidim kako se rodoljubije uvažava. Vi ste bili član odbora, a ja ništa.

GAVRILOVIĆ: Nismo vukli nikakvu plaću.

ŠERBULIĆ: Već ja znam. Svaki je lud, koji se za Srpstvo zauzima.

GAVRILOVIĆ: Zato, što ne može da globi.

SMRDIĆ: Vama je sve to u glavi. Dok su Madžari globili, bilo je dobro.

GAVRILOVIĆ: Pa mi smo zato i ustali, da se toga oprostimo.

SMRDIĆ: Koješta. Mi smo ustali za narodnost, a nigde nije stajalo, da će činovnici Vojvodine služiti badava; nego će još veću plaću imati.

GAVRILOVIĆ: Ostavimo sad to; nego dajte što na sirotinju.

SMRDIĆ: Idite vi s Bogom, ja ne mogu dati ništa.

ŠERBULIĆ: Zašto nisu svi ustali na oružje, pa ne bi ni morali bežati.

SMRDIĆ: Tako je; nego hoće ljudi Vojvodinu, a neće da se biju.

GAVRILOVIĆ: Oni misle da bi mogli i vi oružje nositi.

SMRDIĆ: A na koga bi ostavili odbor?

GAVRILOVIĆ: O, za odbor bi se našlo ljudi i suviše, nego za logor trebalo bi da ste se brinuli.

SMRDIĆ: Za nas bi grehota bila poginuti, koji narod ljubimo, jer će opet do tog stanja doći, da mu poslužiti možemo; a madžaroni da izginu svi, pa nikakve štete.

## III

### LEPRŠIĆ, PREĐAŠNJI

GAVRILOVIĆ: Evo, gospodin je Lepršić bar vatreni rodoljubac; on će dati što na sirotinju.

LEPRŠIĆ: Čekajte, dok bude slavjansko carstvo, pa ćete onda videti slave.

ŠERBULIĆ: Hoće li biti?

LEPRŠIĆ: Vi još sumnjate? Rus valjda nije došao zabadava.

SMRDIĆ: No, hvala Bogu, da i to doživim.

LEPRŠIĆ: Jedno me samo obespokojava, što se nameštaju strani ljudi za činovnike u Vojvodini.

SMRDIĆ: Šta, šta? Gde je glavni odbor? Što ne protestiraju?

LEPRŠIĆ: Trebalo bi drugojače, ali su Srblji kukavice.

ŠERBULIĆ: Pravo kažete da su kukavice. Ali tako je, kad nema pravog rodoljubija.

GAVRILOVIĆ: A šta bi radili?

LEPRŠIĆ: Postavili bi madžarone za činovnike.

SMRDIĆ: To može još i biti.

ŠERBULIĆ: Vrlo lako.

LEPRŠIĆ: Kako se počelo raditi, zacelo.

SMRDIĆ: To je naopako!

ŠERBULIĆ: Bolje da smo i s Madžarima ostali.

GAVRILOVIĆ: Pa zašto niste?

SMRDIĆ: Znam, da bi vama po volji bilo.

GAVRILOVIĆ: Zašto meni? Meni je svejedno, ma ko došao u službu.

SMRDIĆ: I stran?

GAVRILOVIĆ: Ako je pošten, bolje i stran, nego svoj, a nevaljao.

SMRDIĆ: Jeste li ga čuli?

ŠERBULIĆ: Nije li to izdajica?

LEPRŠIĆ: Treba podići tužbu, vi ste svedoci.

GAVRILOVIĆ: A šta vam pomaže, kad nema odbora, a neće više ni biti.

LEPRŠIĆ: Šta, i vi kvarite odbore, izdajnik jedan! *(Udalji se.)*

SMRDIĆ: Madžaron.

ŠERBULIĆ: Ne zaslužuje da živi među Srbljima, nego da se protera kao svaki drugi Madžar.

GAVRILOVIĆ: Kad bi svi Srblji bili kao vi, i sam ne bi želeo biti Srbljin.

SMRDIĆ: Jeste li ga čuli?

ŠERBULIĆ: Lepo sam ja govorio, da se svi madžaroni pobiju kao skotovi.

GAVRILOVIĆ: I da im se kuće sekvestriraju na polzu rodoljubaca.

SMRDIĆ: Već to će i tako biti.

ŠERBULIĆ: Platićete vi nama sav ovaj trošak.

GAVRILOVIĆ *(smeši se)*: Hoću, hoću. Idem odmah, da prepravljam. *(Odlazi.)*

ŠERBULIĆ: E, jeste li ga vid'li?

SMRDIĆ: Tako nam treba, kad nismo imali pameti. — Kud se dede Lepršić?

ŠERBULIĆ: Eno ga, gde se razgovara s nekim stranim.

SMRDIĆ: Hajdemo.

ŠERBULIĆ: Već mi se dosadilo bez posla biti. *(Odlaze.)*

## IV

### ŽUTILOV I NANČIKA stupe

ŽUTILOV: No, šta si htela otoič kazati?
NANČIKA: Ovu našu prose.
ŽUTILOV: Milči?
NANČIKA: Ja sam odavno smotrila, gde jedan često prolazi pored pendžera i uvek baca oči gore. Sve sam mislila da l' se nje tiče, i sad vidim, da je istina.
ŽUTILOV: Je li to zacelo, ili kao što vi žene imate običaj?
NANČIKA: Poslao je jednoga, da je prosi.
ŽUTILOV: Šta je on?
NANČIKA: Doktor; čovek vrlo fini. Ja sam se s njim razgovarala, i svi kažu, da će biti fizikus ovde.
ŽUTILOV: To je dobro. Novaca valjda ne traži.
NANČIKA: Mislim da ne traži.
ŽUTILOV: Šta kaže devojka?
NANČIKA: Nisam joj još spominjala; jer nešto važno stoji na putu. Kažu da je Madžar.
ŽUTILOV: Pa? Ona zna madžarski kao Madžarica.
NANČIKA: Ali šta će svet reći?
ŽUTILOV: Bolondšag! Svet ja neću pitati, šta ću raditi u mojoj kući.
NANČIKA: Ali ovi ljudi, rodoljupci?
ŽUTILOV: Pa šta? Kad njega trpe u Serbiji, zašto ga ne bi trpeli u Vojvodini? Mi valjda nismo bolji od Serbijanaca?
NANČIKA: Pravo kažeš. Ta mi smo bolje živeli s Madžarima, nego i sa Srbljima.
ŽUTILOV: Gledaj ti samo, da devojka pođe.
NANČIKA: Ne verujem da će se zatezati, zašto joj se momak dopao.

ŽUTILOV: Hajde, dakle, da ne bude dockan.
NANČIKA: Može biti, da mu je zato po volji, što znamo dobro madžarski. *(Odlaze.)*

## V

### SMRDIĆ napred, potom ŠERBULIĆ, stupe

SMRDIĆ: Šta ste se toliko s tim razgovarali?
ŠERBULIĆ: Čisto mi je sramota kazivati.
SMRDIĆ: Zar je tako zlo?
ŠERBULIĆ: Zlo nije, nego...
SMRDIĆ: Šta je dakle?
ŠERBULIĆ: Čudna stvar. Radi se da prodamo Vojvodinu.
SMRDIĆ: Kakav bi bio taj nevaljao čovek, koji bi svoju Vojvodinu izdao?
ŠERBULIĆ: I ja tako kažem.
SMRDIĆ: Zar smo mi zato krv prolivali?
ŠERBULIĆ: Tako je.
SMRDIĆ: I toliko stradali?
ŠERBULIĆ: Već to Bog jedan zna!
SMRDIĆ: Pa kako vam dođe ta podlost do ruke?
ŠERBULIĆ: Sam ne znam šta ću o tome da mislim. Taj, što sam s njime govorio, iz Sombora je, i kaže, da od naše Vojvodine neće biti ništa.
SMRDIĆ: To smo odavno mogli znati.
ŠERBULIĆ: Kaže, da se jedno prošenije na cara potpisuje, u kom Srblji sami priznaju, da nas je malo i da za nas nije Vojvodina.
SMRDIĆ: E, gledaj ti, šta kod nas neće biti! I Srblji to potpisuju?
ŠERBULIĆ: Ko potpiše, dobije pedeset dukata u zlatu.
SMRDIĆ: Šta, šta? Otkud toliki novci?

ŠERBULIĆ: Kaže da se unapred plaća.

SMRDIĆ: Ali, toliki ljudi! To će mnogo izneti!

ŠERBULIĆ: E, svima se ne daje potpisivati, nego samo koji su bili u odboru.

SMRDIĆ: No, tako je već mogućno.

ŠERBULIĆ: Pa, šta mislite?

SMRDIĆ: Ja mislim, ako to car hoće, ono će tako i biti; zato je bolje potpisati.

ŠERBULIĆ: Tako i ja mislim. Neka donese dakle, da potpišemo.

SMRDIĆ: Vi ne možete potpisati.

ŠERBULIĆ: Zašto?

SMRDIĆ: Kad niste bili u odboru.

ŠERBULIĆ: Vama je poznato, da sam bio naimenovan.

SMRDIĆ: Ali nije došlo u protokol.

ŠERBULIĆ: Reč predsjedatelja vredi kao i protokol.

SMRDIĆ: Ja ne znam da li je to tako?

ŠERBULIĆ: Baš i kad ne bi bilo, ko će raspitivati jesam li ja bio člen, kad moje ime među tolikima stoji?

SMRDIĆ: To je istina; ali znamo mi.

ŠERBULIĆ: Pa zar bi vi mene izdali? Mi stari prijatelji!

SMRDIĆ: Dobro, samo da ne okrive nas.

ŠERBULIĆ: Ja ću potpisati nasamo, pa posle neka traže, kad izvučem novce.

SMRDIĆ: Zakrpa je lepa.

ŠERBULIĆ: Kako da nije, osobito sad, gde smo toliko stradali od prokletih Madžara.

SMRDIĆ: Hajdete da saopštimo Žutilovu, da vidimo šta će on reći.

ŠERBULIĆ: E, on će jedva dočekati, kako je lakom.

SMRDIĆ: Bogme, on se dobro pokrpi.

ŠERBULIĆ: Kad ga pre tri godine isteraše iz službe, mal' ne skapa od gladi; žena i deca rđavo odeveni. A sad, jeste li videli, kako se nose?

## VI

## GAVRILOVIĆ, PREĐAŠNJI

GAVRILOVIĆ: Mi tamo-ovamo, pa opet zajedno. Tako je, kad se nema šta raditi.

ŠERBULIĆ: S vama i jest prijatno sastati se.

GAVRILOVIĆ: E, ne treba sve opet mak na konac uzimati. No meni se čini, vi imate nešto tajno između sebe.

ŠERBULIĆ: Šta bi imali tajno? *(Namiguje na Smrdića.)*

GAVRILOVIĆ: Ta izdaleka gledam, kako ste se nešto zabunili.

ŠERBULIĆ: Zabunili smo se, što ti Rusi jedanput ne svrše, nego sedimo na trošku.

GAVRILOVIĆ: Ja čujem da će se svakom platiti dijurna, koji je izbegao.

ŠERBULIĆ: I treba da se plati. Nismo mi besni, da se potucamo.

GAVRILOVIĆ: No ovu će dijurnu samo oni dobiti, koji se odreknu Vojvodine.

SMRDIĆ: Kako bi to bilo?

GAVRILOVIĆ: Tako se govori.

ŠERBULIĆ: Pa hoćete li se vi odreći?

SMRDIĆ: Kao da tu treba mnogo sumnje.

GAVRILOVIĆ: Ja ću onako postupati, kao što čine rodoljupci. Valjda ću i ja doći u čislo njihovo.

ŠERBULIĆ: Nikad ni doveka. Koji je bio lane madžaron, taj će se kao takav i poderati.

GAVRILOVIĆ: A koji je rodoljubac, taj može činiti što hoće, je l'te?

SMRDIĆ: Rodoljubac ne može drugo raditi, nego što je rodoljubivo.

GAVRILOVIĆ: Kad bih vas o protivnom uverio? — Ali evo naših zemljaka. Nešto je Lepršić veseo.

## VII

### ŽUTILOV, NANČIKA, MILČIKA I LEPRŠIĆ stupe, PREĐAŠNJI

NANČIKA *(Lepršiću)*: Pa zašto nam ne kažete šta je novo?

LEPRŠIĆ: Šta vam imam kazivati? Madžari će biti pobeđeni, pa mir.

GAVRILOVIĆ: A šta će biti s nama?

LEPRŠIĆ: Dobićemo i mi, ne ono, što su neke preterane glave tražile, nego što je pravo.

GAVRILOVIĆ: Hoće li biti Dušanovog carstva?

LEPRŠIĆ: Budalaština! Nema nas dvadeset miliona.

GAVRILOVIĆ: Ali bar slavjansko carstvo.

LEPRŠIĆ: I od toga nema zasad ništa.

GAVRILOVIĆ: Ta vama je to neprestano bilo u ustima.

LEPRŠIĆ: Moralo se tako govoriti, da narod ustaje.

GAVRILOVIĆ: To će reći: vi ste lagali...

LEPRŠIĆ: E, tako je, drugojače nije moglo biti.

GAVRILOVIĆ: Naravna stvar, rodoljubije sve dopušta. Nego molim, kako sad stojimo?

LEPRŠIĆ: Ne možemo ni mi zahtevati da smo bolji od drugih. Dobili smo ravnopravnost sviju naroda, dobili smo patrijarha, dobićemo i vojvodu, pa kud ćete više!

SMRDIĆ: Bre, samo da se jedanput svrši, pa makar kako bilo!
ŠERBULIĆ: I ja kažem, dosta smo od kuće.
MILČIKA *(smeši se)*: Ja ne marim, ma još toliko trajalo.
GAVRILOVIĆ: Verujem, jer se ovde udajete.
SMRDIĆ: Je li istina?
ŠERBULIĆ: Smemo li čestitati?
NANČIKA: Jest nešto u stvari, no nije baš svršeno.
ŠERBULIĆ: No, to mi je milo.
SMRDIĆ: Vi ste najbolje profitirali u bežaniji.
LEPRŠIĆ: Je li prilika dobra?
GAVRILOVIĆ: O, fini mladić, ja ga dobro poznajem. Istina, nije Srbin...
LEPRŠIĆ: Šta, šta?
ŠERBULIĆ: Kako bi Srpkinja za stranoga pošla?
SMRDIĆ: To baš nije lepo.
ŠERBULIĆ: Predsjedatelj odbora!
ŽUTILOV: To su ženski poslovi, u to se ne mešam.
ŠERBULIĆ: Makar kako, tek ja ne bih dopustio.
LEPRŠIĆ: Dakle je mladoženja Vlah?
GAVRILOVIĆ: Nije, nego Madžar.
LEPRŠIĆ: Je li moguće?
SMRDIĆ: Ja ne mogu verovati.
NANČIKA: Govori se tako, no upravo ne zna se.
GAVRILOVIĆ: A, zacelo! Ja ga dobro poznajem!
LEPRŠIĆ: I vi se možete tako zaboraviti, da Madžara uzmete za zeta?
SMRDIĆ: To je preko jego.
LEPRŠIĆ: Odmah idem, da stavim u novine; neka se svet čudi postupku najvećega rodoljupca.
ŽUTILOV: On će se posrbiti.

LEPRŠIĆ: Posrbiti? Vi ćete se pomadžariti, kao što ste i bili polak Madžar. — Sramota!

ŠERBULIĆ: I ja kažem, da je sramota.

LEPRŠIĆ: Ne, to mora doći u novine; sve zabadava.

GAVRILOVIĆ *(Lepršiću)*: Hoćete li staviti kako ste i vi dobili službu izvan Vojvodine?

ŽUTILOV: Kakvu službu?

GAVRILOVIĆ: Sekretar kod vladinog komesara.

SMRDIĆ: Je l' to istina?

LEPRŠIĆ: Bila je reč.

GAVRILOVIĆ: Zašto je „bila reč", kad ste zacelo primili, a nije nikakvo zlo.

ŽUTILOV: Kako bi Srbin inače služiti mogô, nego kod Srbina?

ŠERBULIĆ: To je istina.

SMRDIĆ: Nema od nas ništa, kad nas i najveći rodoljupci ostavljaju.

ŽUTILOV: Ja sam služio kod Madžara, pa sam ih taki napustio, kako se Srpstvo podiglo.

LEPRŠIĆ: Dabogme, kad su vas iz službe izbacili.

ŽUTILOV: Mene iz službe izbacili? Vi, bezobrazni mladiću, što ste izneverili vaš narod.

LEPRŠIĆ: Kao vi, što dajete kćer za Madžara.

ŽUTILOV: Vi ste fantasta.

LEPRŠIĆ: A vi rodoljubac, što ste napunili džep od krađe.

GAVRILOVIĆ: Nemojte, gospodo, tako vikati; sramota je od stranih!

LEPRŠIĆ: Šta: „nemojte vikati"! Neka svi čuju!

ŽUTILOV: Treba staviti u novine takve rodoljupce, koji narodu viču da ustaje, a sami bi se poturčili.

## VIII

## ZELENIĆKA, PREĐAŠNJI

ZELENIĆKA: Šta je to? Kakva je to vika?

GAVRILOVIĆ: Eto šta je: gospodin Žutilov udaje kćer za Madžara, a gospodin Lepršić postao je činovnik izvan Vojvodine, pa se sad prepiru, koji je veći rodoljubac.

ZELENIĆKA *(osvrće se)*: Nema nigde stolice, da mogu pasti u nesvest. Je li to istina, zaboga?

GAVRILOVIĆ: Zasad je tako.

ZELENIĆKA: O, seni Miloša Obilića, Hajduk-Veljka i drugih junaka, čujete li? U Vojvodini srpskoj diči se Madžar ljupkostiju braka najdičnijom Srpkinjom; u Vojvodini srpskoj neće Srbin da služi svom rodu, nego tuđinu! Nećače, nećače, vratite se u njedra vaše domovine, duhom vas narodnosti preklinjem, vratite se rodu vašemu, kojega ste bili potpora i otrada!

GAVRILOVIĆ: Kad tako lepo dišete za Srpstvom, evo i vama jedno pismo od vašeg starog prijatelja Nađfaludija. *(Pruži joj pismo.)*

SMRDIĆ: Šta je to?

GAVRILOVIĆ: Čisto rodoljubije. Gospoja Zelenićka ili po srpski Plavićka, imala je odavno poznanstva s jednim Madžarom Nađfaludijem, koga svi poznajete. I ovaj joj sad piše, kako ona vrlo dobro čini, što mrzi na Madžare.

ŠERBULIĆ: S Madžarima korešpondirati, to baš nije lepo!

LEPRŠIĆ: Gospoja ujna, zar tako treba?

ŽUTILOV: Cudaršag! Pa još ima meni da prebacuje!

ŠERBULIĆ: Ja bih se stideo takovo što učiniti.

SMRDIĆ: Teško nama, kad smo do toga došli!

ŠERBULIĆ: I ja kažem, teško nama!

SMRDIĆ: Rodoljubica, koja je tako silno za narodnost disala; ah, srce mi se cepa!

GAVRILOVIĆ: A vi, jeste li potpisali prošenije, da nam ne treba Vojvodina?

LEPRŠIĆ: Kom ne treba Vojvodina?

GAVRILOVIĆ: Evo, Šerbulić i Smrdić pogodili se s jednim stranim za pedeset dukata, da će potpisati prošenije, kako je izlišna Vojvodina.

SMRDIĆ: E, mislite ne znamo mi, da je to vaše maslo bilo?

ŠERBULIĆ: Samo sam tako rekao, da vam učinim radost.

GAVRILOVIĆ: Ja znam da ste ga, te kako, molili, da vam prošenije i dukate donese.

ŽUTILOV: No, to je još najgore.

LEPRŠIĆ: To znači besovjesno izdati svoj narod.

GAVRILOVIĆ: Vidite, gospodo: gospodin Žutilov udaje kćer za Madžara; gospodin Lepršić primio je službu izvan Vojvodine; gospođa Zelenićka dobija pisma od svoga prijatelja Madžara; a Smrdić i Šerbulić hoće da prodadu Vojvodinu. Kažite mi koji je najveći znak rodoljubija.

SMRDIĆ: Sve je to vaše maslo, no razgovaraćemo se, dok se vratimo kući.

GAVRILOVIĆ: Kad nema odbora.

ŽUTILOV: Šta, šta? Vi se usuđujete kvariti odbore?

SMRDIĆ: Tako nam jednako preti.

ŽUTILOV: Mrav jedan, da se usudi u odbor dirati!

GAVRILOVIĆ: Bože, sačuvaj! Ja ću nastojati, da i vaš zet bude član.

ZELENIĆKA: Ali šta ga trpite ovde, molim vas!

NANČIKA: I ja se čudim.

GAVRILOVIĆ *(Zelenićki)*: Zar je to blagodarnost, što sam vam doneo pismo od vašeg starog prijatelja?

ZELENIĆKA: Dalje od nas!

SMRDIĆ: Da se ne usudite k nama pristupiti!

ŽUTILOV: Koji narodne činovnike oporačava, taj vređa sav narod.

NANČIKA: Madžaron jedan!

ZELENIĆKA: Razvratan Srbin!

LEPRŠIĆ: Koji nema jedne iskre rodoljubija u sebi.

GAVRILOVIĆ: O, rodoljupci, rodoljupci, idem pripovediti svetu, šta ste radili; da vidim, hoće li se naći koji, koji će reći, da po ovakovima može narod procvetati.

## BELEŠKA O PISCU

Jovan Sterija Popović, jedan od najznačajnijih srpskih komediografa, ali i prozni pisac, pesnik, pravnik i pedagog, rođen je 1806. godine u Vršcu, tadašnjoj Austrougarskoj monarhiji, u skromnoj trgovačkoj porodici. Deo imena po kojem je do danas ostao prepoznatljiv — Sterija, zapravo je ime njegovog oca, poreklom Grka.

Budući bolešljiv i nejak od ranog detinjstva, sa paralizovanom levom rukom kao posledicom moždanog udara, u dečjim igrama u kojima je bila potrebna snaga nije učestvovao. Veruje se da je upravo sedeći sa strane i pasivno gledajući ove igre, razvio posmatrački, ali i pripovedački dar koji je uticao na to da se kasnije posveti književnosti.

Osnovnu i srednju školu pohađao je u nekoliko gradova — Vršcu, Temišvaru i Pešti.

Prava je studirao u Kežmarku u Slovačkoj, a nakon završenih studija vraća se u rodni grad gde najpre radi kao profesor latinskog jezika, a zatim i kao advokat.

Na skoro ustanovljenom Liceju u Kragujevcu, 1840. dobija mesto profesora prirodnog prava i tu se zadržava dve godine.

Zatim je postavljen za načelnika Ministarstva prosvete u Beogradu. Na ovoj funkciji proveo je osam godina i izuzetno doprineo razvoju i organizovanju školstva u Srbiji, između ostalog, doneo zakon po kojem se u Srbiji gimnastika uvodi kao obavezni školski predmet u gimnazijama. Zaslužan je za osnivanje Učenog srpskog društva, kao i

## BELEŠKA O PISCU

za pokretanje inicijative za osnivanje Narodne biblioteke, Akademije nauka i pre svega Muzeuma serpskog, preteče današnjeg Narodnog muzeja u Beogradu, čijim se smatra i direktnim osnivačem. Učestvovao je i u osnivanju i organizovanju prvog stalnog pozorišta u Beogradu — Teatra na Đumruku (carinarnici). Njegovom zaslugom Srbija je donela prvi pravni akt o zaštiti spomenika kulture što je znatno uticalo na omogućavanje daljeg proučavanja i očuvanja srpskog kulturnog nasleđa.

Bio je jedan od vodećih intelektualaca svoga vremena. Napisao je i objavio šezdesetak stručnih radova, među kojima i veliki broj udžbenika iz različitih naučnih oblasti.

Zbog sukoba sa političkim prvacima onoga vremena, prvenstveno Tomom Vučićem Perišićem, Sterija je 1848. godine proteran iz Srbije, nakon čega se vratio u Vršac gde je usamljen i razočaran proveo ostatak svog kratkotrajnog života.

Preminuo je 1856. godine u velikoj oskudici. Sahranjen je na pravoslavnom groblju u Vršcu. Njegova smrt u pojedinim srpskim listovima opisana je kao „veliki nacionalni gubitak".

U svom značajnom književnom opusu Jovan Sterija Popović ostavio je važna dela koja su redom prevazilazila okvir svoga vremena. Iako se smatra začetnikom drame u srpskoj književnosti, najznačajniji trag ostavio je kao komediograf. Ovaj srpski Molijer svojim neospornim književnim talentom ovekovečio je u svojim komedijama sliku ondašnjeg palanačkog i malograđanskog društva, uspešno se podsmevajući njegovim glavnim anomalijama — pogrešnom vaspitanju, pomodarstvu, snobizmu, lažnom patriotizmu. Realist u komediji, Sterija kroz satiričan prikaz i isticanje mana svojih glavnih likova, njihovih izopačenih karaktera i naravi, kontinuirano daje sebi u zadatak da edukuje svoje čitaoce, nacionalno ih prosvetljava i čini da postanu razumniji i bolji ljudi.

# REČNIK MANJE POZNATIH REČI I IZRAZA

*a edosen o teos* — što je bog dao
*abije* — odmah, već
*absagovati* — otkazati
*adelfe!* — brate!
*aferim!* — bravo! tako je!
*ahamna* — ogorčenje, tuga, zlovolja
*ahara* — zlo
*ahovi, ihovi* — završeci -ah i -ih kod imena u množini, da se čuje h za razliku od običnog govora
*ajnfele* — ideja, dosetka
*ajngemokc* — voće i povrće pripremljeno za zimu; pileća čorba
*ajnodlovati* — pozvati
*akov* — bure od 50 litara, jedinica mere
*ala solgaja* — sluga pokoran
*alaboner* — u dobri čas
*alopu* — lisica
*ama is to onoma tu teu* — za ime boga
*ama ma ton teon* — ali, zaboga
*anatemata* — prokleta
*anatemos* — nesrećnik, prokletnik
*anev idrotos će pono uden* — nema posla bez znoja
*angevenovati* — navići se

## REČNIK MANJE POZNATIH REČI I IZRAZA

*apage!* — odlazi, tornjaj se! odstupi!
*aport* — donesi
*apropo* — tim povodom
*aratos (ti)* — đavo da te nosi
*arenda* — zakup zemljišta, prihod od obrađene zemlje
*arendator* — zakupac
*artikajt* — učtivost
*aruloja* — izdajnik otadžbine
*aspida* — guja otrovnica, oštrokondža
*aspra* — novac
*ašče* — ako
*aufšponen* — upregnuti kočije u kola
*aufvartung* — služba, dvorba, podvorenje, posveta
*ausfaruju* — izvezu se
*auspruh* — vino samotok, suvarak
*ausšpilovati se* — izigrati se
*auzdruk* — reč, izraz
*az ištenirt* — zaboga

*bagrjanošarno* — ružičasto, crvenkasto
*bajader* — uski ženski šal, kao široka traka, sa resama na oba kraja
*barbaras* — vrsta alkoholnog pića
*bedinter* — sluga
*belezen* — načitan
*belobung-dekret* — pismena pohvalnica
*benajdigovati* — zavideti
*besonders* — naročito
*besorgovati se* — brinuti se
*besprekoslovno* — sasvim tako, bez pogovora
*beščisleno* — bez broja, bezbrojno
*beštelovati* — naručiti

*beštetigovati* — potvrditi
*bešverovati* — opteretiti
*bileta* — cedulja, pisamce
*birger* — građanin
*birodalom* — država
*birov* — seoski starešina, sudija
*blagodjejanije* — dobročinstvo, dobro delo
*blagodetelnica* — dobročiniteljka
*blagodjetelno* — dobročinski
*blagovolenije* — naklonost, blagonaklonost
*blond* — tanki providni materijal od kojeg su pravljene ženske kape
*bo* — lep
*bolondšag* — ludost, glupost
*bolta* — prodavnica
*bos is tos?* — šta je to?
*bozi, vskuju az ne vjedal to je* — bogovi, zaista nisam znao šta je to
*brakosočetanije* — brak, zaključivanje braka
*burag* — škembići i druge životinjske iznutrice, koje su znatno jeftinije od mesa
*burmutica* — duvankesa

*cauberin* — čarobnica
*cauberpalast* — čarobni dvorac
*cudaršag* — nitkovluk, nevaljalstvo, pritvorstvo
*cukerpokerajska* — poslastičarska
*cušpajz* — dodatak uz glavno jelo
*cvanciger, cvancik* — austrijski novčić od 20 krajcara

*čarodejstvo* — čarolija, vradžbina
*čerek* — četvrtina

# REČNIK MANJE POZNATIH REČI I IZRAZA

*čert me vze kad znam čo povedaju* — đavo da me nosi ako znam šta oni govore
*čerta* — crta, osobina
*čestvujemo* — poštujemo
*čislo* — broj
*črez* — zbog, pomoću
*črezvičajno* — neobično, izvanredno
*čto uže sotvorju s otmenijem sim roda čelovječeskago* — šta sada da učinim s ovim izrodom ljudskog roda
*čuma* — narodni naziv za kugu
*čuvstvo* — osećanje, opažanje, osećaj
*čuvstvovati* — osećati, opažati

*će ta lipa* — i tako dalje
*ćiftinica* — gazdaška žena, buržujka
*ćurdija* — vrsta kaputa postavljenog krznom

*dacija* — dažbina
*da mi vučiš štrikla preko nos* — da me prevariš
*da prilpnet jazik gortani tvojemu* — neka ti se jezik prilepi za grkljan
*das ist zu viel!* — to je i suviše!
*das würde mich überraschen* — to bi me iznenadilo, zadivilo
*degn* — mač, sablja
*den ine* — nema
*dienerin!* — službenica!
*dijurna* — dnevnica
*dobrodetelj* — vrlina
*doksa si o teos!* — slava bogu!
*dondeže* — dokle
*dovljajet* — dosta je
*dščer* — kćer

*duel* — dvoboj
*dulos sas!* — sluga sam!

*edeš anjam* — slatka majko
*egzemplar* — primerak
*eine gebildete sprache* — kulturni (izobraženi) jezik
*ekaton* — sto
*ekskuzirati* — opravdati
*elejmosini* — milosrđe
*emfindovati* — osećati
*entberovati* — lišiti se, odreći se
*entschuldigen sie auf einen augenblick* — oprostite za jedan trenutak
*epajsun* — otišli su
*epiket* — etiketa
*epitalamium* — svadbena pesma
*eređ pokolba* — idi do đavola
*erklerovati* — izjaviti
*evharisto* — zahvaljujem
*evlogimenon* — blagoslov
*evtis* — odmah

*fad* — dosadan
*fantast* — sanjalica, zanesenjak, glumac
*fela* — vrsta
*fenika* — najsitniji novac, manje od krajcare
*ferfaser* — pisac, književnik
*ferleger* — izdavač
*fers* — stih
*fidon* — izraz za negodovanje
*fijurinija* — novac koji je odgovarao forinti
*firšt* — knez

# REČNIK MANJE POZNATIH REČI I IZRAZA

*firštkinja* — kneginja
*fizikus* — lekar koga postavlja država kao nadzornog lekara u gradu, srezu, okrugu
*fortepijano* — klavir
*fraj* — slobodan
*fruštuk* — doručak
*furija, u moja furija* — u svom besu

*gajdaros* — magarac
*galant* — učtivo
*galopad* — vrsta brze igre
*gemajn* — prosto, prostački
*genij* — duh zaštitnik
*genuss* — uživanje
*gerok* — gornji kaput
*gerührt* — dirnut, tronut
*glagoljati* — govoriti
*gott, welche entzuckung* — bože kakvo ushićenje
*göttlich, sehr göttlich* — božanstveno, vrlo božanstveno, divno
*grabancijaš* — veštac, čovek koji zna čarolije
*gracija* — milost, rok
*grafa* — pismo
*groš* — tri krajcare
*gumari* — magarac
*gust* — ukus

*haris to teo* — hvala bogu
*hasna* — korist
*held* — junak, vitez
*helješen* — tačno, pravilno
*herajn* — napred, slobodno

*hibšes ksihtl* — lepo lišce
*hidra* — zmija
*Himen* — bog braka kod starih Grka
*hintov* — kočija, karuce
*hipš* — lepo, krasno
*hofbal* — dvorska zabava
*hofmaniše tropfn* — Hofmanove kapljice (mešavina etra i alkohola) za koje se verovalo da leče mnoge bolesti
*hohtajč* — nemački književni jezik, a ne dijalekti kojima govore široki narodni slojevi
*hondrokefalos* — debela glava, debelotikvan, glupak
*honvid* — mađarski vojnik
*horugvonosjaščeju* — ono što nosi zastavu
*hudago* — rđavo
*hudožestvo* — umetnost, veština
*hülfe!* — u pomoć!
*hunsvutarija* — obešenjaštvo, nevaljalstvo

*i nehoteći mi* — i preko moje volje
*iberok* — gornji kaput
*iberzecovan* — preveden
*ich bitt' sie, s'is sehr gemein* — molim vas, sve je vrlo prostački
*igienite!* — zdravstvujte!
*iluminacija* — svečano osvetljavanje, rasveta
*iljen a sabadšag!* — živela sloboda!
*imjenije* — imanje
*impretinencija* — bezobrazluk, drskost
*ine kala* — da li je dobro
*inkvizicija* — istraga
*inštancija* — pismena molba, sudska nadležnost
*intov* — kočije, karuce

*iros* — heroj, junak
*is kalin kardians* — drage volje
*is ton oficir* — na oficira
*is ton teon!* — zbogom!
*iskrenjejše* — najiskrenije
*istočnik* — izvor
*istranžirati* — iseći na komade
*izčadije* — izrod
*izjaščno* — divno
*izlišije* — izobilje
*izrečenije* — izreka, iskaz
*izrjadno* — izvrsno, vanredno

*jankl* — bluza kakvu su nosili radnici i zanatlije
*jauzn* — užina
*jestestvo* — priroda
*jo napot, Pali, pajtaš* — dobar dan, druže Pajo!
*jurasor* — pomoćni sudski ili upravni službenik

*kačestvo* — osobina
*kaimeno* — teško meni
*kaka isterna* — rđavo, rđav kraj
*kakademon* — zao, nečastivi duh
*kakos keros* — zlo vreme
*kala* — dobro, lepo
*kala pltete!* — dobro došli!
*karmažinska koža* — koža obojena crveno
*kartalcetli* — neka vrsta šećerleme za koje se verovalo da su lekovite
*karteč* — nekadašnja topovska municija, odgovara današnjim šrapnelima
*kasatelno* — što se tiče nečeg, na nešto odnosi

*kasirati* — oglasiti za nevažeće, poništiti, brisati
*katana* — mlad, naočit sluga odeven u livreju, koja je običnom svetu ličila na vojničku uniformu, a koji je služio po imućnim kućama
*Kerveros* — Kerber
*ki!* — napolje!
*kirijanemeš* — plemić član plemićke skupštine
*kirije imon!* — gospode naš!
*kitaksi* — gledajte
*klasicitet* — klasičnost, valjanost
*klepetuša* — medenica, zvono o vratu životinja; čegrtaljka
*kogo iščeši gorjaščimi očesi tvojimi* — koga tražiš svojim vatrenim očima
*komi fo* — na svom mestu, kao što treba
*kon nit* — ne mogu, ne može
*konfekt* — šećerleme, slatkiši
*konta* — račun
*kopijasete* — dođite
*kost* — ishrana, hrana; stan i hrana
*kotiljon* — vrsta francuskog plesa
*krajcfajer* — unakrsna vatra
*kraklje* — vrsta velikih ukosnica
*kraksite* — zovnite
*kromje* — osim
*krumte pisli her, virfte gurbijana hinauz* — dođite časkom ovamo i izbacite ovog grubog čoveka
*kur (praviti)* — udvarati se
*kuriozno* — zanimljivo, neobično
*kurmaheraj* — udvaranje, zabavljanje
*kurz und gut* — kratko i jasno
*kvartir* — stan, konak; vojska, logor
*kvitirati* — dati ostavku

## REČNIK MANJE POZNATIH REČI I IZRAZA

*lajtnant* — poručnik
*lasd, edes attyam* — vidi, dragi oče
*latura* — miraz
*lavr* — lovor; pobednički venac
*lelkem* — dušo moja
*len su to hodinski, bogu prisam, su pekni* — to je, bogami, lep sat
*libri pruder* — dragi brate
*libšaft* — ljubavna veza
*lilafarb* — otvorene ljubičaste boje
*los* — srećka
*loterija* — lutrija
*luft* — vazduh
*lustrajze* — putovanje radi provoda

*ma šer* — draga moja
*ma tin timin mu* — bogami
*Mađar-ostrag* — mađarska država
*magistrat* — opštinska, gradska uprava
*magnovenije* — trenutak
*malista* — tako je
*mazur* — mazurka, poljska narodna igra
*metanisati* — klanjati se, ponašati se pokorno, ponizno, ulagivati se, dodvoravati se
*miko fo* — komi fo
*minuta, tajč, kalup* — menuet, dajč-polka, galop (vrste plesa)
*mocni pan* — ugledni gospodin
*modešrajber* — pomodni pisac
*molčanije* — ćutanje
*mon frer* — brate moj
*mućurla* — budala

*mzdopreimčivost* — koristoljublje

*najmenjše* — najmanje
*najpače* — naročito
*najprežde* — najpre, prvo
*natirlih* — naravno
*ne (ni) banč* — ne diraj
*nečestivi* — nepošten
*negli* — možda
*negliže* — jutarnja haljina za po kući
*ne larmaz* — ne galami
*nemeš* — plemić
*nemešag* — plemstvo
*nenija* — naricaljka
*neponjatno* — nepojmljivo
*nesmislenij, dažd mi otvjeta* — budalo, odgovori mi
*neuvjadajemi* — koji ne može uvenuti
*nišador* — amonijakov hlorid, prašak
*ništeten* — siromašan, ubog
*nižajši* — ponizni
*nobles* — otmenost, gospodstvo
*notaroš* — sekretar u magistratu

*o is to onoma tu patros* — vo imje oca
*o tihi, o keros* — o sreću, o vremena
*o tis anankis* — o nesreće
*obače* — ali, ipak, samo, tek, čak
*obajanije* — opsena, očaranje, vradžbina
*obajatelan* — očaravajući
*objatije* — zagrljaj
*obajgora* — pogrdan naziv za lenju ženu

## REČNIK MANJE POZNATIH REČI I IZRAZA

*obligacija* — obveznica, priznanica
*obraščenije* — obraćanje
*obršter* — pukovnik
*obstojateljstvo* — prilika
*ogligora, ogligora, pu ine ta aspra?* — brzo, brzo, kamo novci?
*ongenovati se* — naviknuti se
*oporačavati* — grditi, osuđivati, kuditi
*oporočitelnica* — oskrnaviteljka
*orsag* — država
*orsag aruloja* — izdajnik države
*otečestvo* — otadžbina
*otjagoščen* — opterećen
*otnjud* — nikako, na koji sve način
*otoič* — malopre
*otvjet* — odgovor

*pače* — štaviše
*pačezemni* — natprirodni, nadzemaljski
*paguban* — štetan
*pakli* — svežanj
*pan metron ariston* — umerenost je korisna
*pane, prosim poniženje* — gospodine, molim da mi oprostite
*pani* — gospodin
*parastok* — seljaci
*pebelhaft* — prost, prostački
*pečaliti se* — žalostiti se, jediti se
*pedinter* — sluga, poslužitelj
*peknje* — lepo
*perajica* — četka od čekinje
*petačka* — petakinja, bačva od pet akova
*pios?* — ko?

*pistevo* — verujem
*pjenjazi* — novac
*počem* — pošto, našta, posle čega
*počitanije* — poštovanje, ugled
*počitovati* — poštovati; smatrati
*podobatelno* — slično
*poganija* — ološ, šljam
*polezan* — koristan
*polgartaršai* — građani, sugrađani
*polovača* — bure od pet akova
*polučiti* — dobiti
*polza* — korist
*polezan* — koristan
*poneže* — pošto, jer
*ponjatije* — pojam
*popečiteljstvo* — ministarstvo nakon prvog ustanka u Srbiji
*porcija* — poreza
*portunet* — širit
*pos pigeni i dulja?* — kako ide posao?
*potvorenje* — klevetanje, podmetanje
*povtoritelni* — ponovni, ponovljeni
*povtoriti* — ponoviti
*pozitura* — stav, držanje
*pozorstvovati* — paziti
*prächtig* — veličanstveno, divno
*predpratije* — poduhvat, posao koga se neko poduhvatio
*preizpeščren* — prošaran, išaran
*preizrjadan* — izvanredan
*preko jego* — preko mere
*prekoslovije* — protivljenje
*prelest* — izvanredna čar

*premjenenije* — promena
*prenotirati* — pribeležiti
*prenumeracija* — pretplata
*prenumerant* — pretplatnik na knjigu
*prepjatstvije* — prepreka
*pretprijatije* — namera, preduzeće
*preterirati* — preći, preteći, prestići
*prezent* — poklon
*priobreti* — steći
*privilegija* — plemićka povlastica
*probirati* — pokušati, probavati, ogledati
*proči, proče* — ostali
*producira se* — pokazuje ono što je naučila
*prošenije* — molba
*protolkovati* — protumačiti
*prozvišče* — prezime
*pustalija* — razbojnik
*putunja* — vrsta vedra, posuda za tečnost

*rajcovati* — razdražiti
*rajzebešrajbung* — putopis
*rasuždenije* — sud, rasuđivanje, mišljenje
*razbor* — promišljenost, pronicljivost, umnost, razboritost
*reduta* — vojni odbrambeni opkopi; balovi pod maskama
*regula* — propis, pravilo ponašanja
*remarkabl* — značajno, važno
*reškonta* — priznanica, srećka
*reterirati* — povući se, odstupiti
*rettung!* — u pomoć!
*rezolvirati* — odlučiti se
*rezon* — red

*riftik, rihtig* — odista, zaista, tačno
*rindflajš* — govedina
*riter* — vitez, plemić
*romanenšrajber* — romansijer

*salamander* — daždevnjak, ili njegova koža, duh iz vatre
*salva venia* — s oproštenjem
*samlovati* — pribrati se
*saprment* — trista mu muka
*saračika* — otrovno belilo
*saueraj* — svinjarija
*sdoksati se* — upropastiti se
*sekvestirati* — na imanje u sporu staviti sudsku zabranu i dati ga nekom trećem na upravu ili čuvanje
*siperb* — krasno, divno
*sirječ* — naime, odnosno, to jest
*skorb* — tuga
*sledstvo* — posledica
*slučavati se* — događati se
*sluta* — neuredna, nemarna, lenja ženska osoba
*sljedovatelno* — prema tome, dakle
*smotrenije* — obzir, pogled
*soare* — večernja zabava
*sokrovište* — blago
*solgabirov* — sreski načelnik
*sozakljatije* — zavera
*spiriti* — potrošiti za kratko vreme
*stellen sie sich vor* — zamislite
*strožajše* — najstrožije
*sugub* — dvostruk
*suščestvo* — biće, stvorenje

*šajkaš* — pripadnik ugarske rečne flotile na Tisi i Dunavu koji je učestvovao u borbama sa Turcima
*šapov, kapov* — ker, džukela
*ščastije* — sreća
*ščastljiv* — srećan
*šervincl* — kartaška igra
*šićar* — korist
*škilji* — pseto
*škoda* — šteta
*šmajhlovati* — laskati
*šmuk* — nakit
*šnuptikla* — džepna maramica
*špacir, špancir* — šetnja
*špital* — bolnica
*špekulacija* — trgovački posao
*šprahmajster* — učitelj jezika
*šrajbpihl* — novčanik
*štacija* — stanica, postaja
*štafirung* — oprema u odelu i nameštaju koju dobija nevesta u miraz
*štakula* — kutija
*štelung, štelovati se* — paziti u društvu na držanje ne samo tela i glave, nego i na način govora i sve ostalo
*šteker* — lornjon, naočare sa dugačkom drškom
*štranga* — konopac
*štrikla* — crta, linija
*štrimfle* — čarape
*štumadla* — sobarica
*šunegle* — ekserčići koji se ukivaju na đonove cipela i čizama
*švermeraj* — zanesenost
*švermovati* — zanositi se, sanjariti, čeznuti od ljubavi

*tablo* — slika
*tagbuh* — dnevnik
*taki* — odmah, smesta
*talas ego* — ja nesrećnik
*tantuz* — novac za obračunavanje, obično u kafanama, kartaškim igrama, privremenim isplatama i sl.
*tarok* — italijanska kartaška igra
*teći* — već, odmah, tek, samo
*teos filaksi* — bože sačuvaj
*tepljejše* — najtoplije
*tervinil* — kartaška igra
*teseres hiljades* — četrdeset hiljada
*teškati se* — kada se neko žali da mu je teško
*tiflute to filun peri to filumenon* — što mi je drago nije mi skupo
*tiftik* — lanena tkanina
*tihelaj* — jadan
*tihi ton antropon pragmata uk evulia* — poslovica: ko je srećan svašta nađe
*tim, tim, tim* — čast, čast, čast (otprilike kao naše: čast i poštovanje)
*timiotatos antropos* — pošten čovek
*tisjašteguboju* — hiljadostruko
*to danion frontidon anapleon* — poslovica: dug je zao drug
*tokajer* — poznato slatko vino iz Tokaja u Mađarskoj
*tolkovati* — protumačiti, prevesti
*ton djavolon* — do đavola
*topuz* — buzdovan, hladno oružje s gvozdenom glavom
*tora prepi na kitazo tin dulja mu* — sada moram ići da gledam svoj posao
*toržestvuje* — proslavlja
*to se vola* — to se zove

## REČNIK MANJE POZNATIH REČI I IZRAZA

*traurig* — žalosno
*trefer* — zgoditak
*tre volontije* — vrlo rado
*tria per mezo* — tri odsto mesečno, znači 36%
*tribulirati* — navaljivati, prisiljavati
*trijanda pendi* — trideset i pet
*tringelt* — napojnica
*trukovana* — štampana

*u prizreniju* — što se tiče, odnosno, s obzirom na to, u pogledu
*u suma* — svega
*ubo* — dakle
*ugursuz* — nesrećnik
*ujazviti* — raniti
*um gottes willen* — za ime boga
*umstvovanije* — umovanje
*umstvovati* — misliti
*un šapo* — ugledan čovek
*ungerührt* — nedirnut, miran, hladan
*unterhaltovati se* — zabavljati se, razgovarati
*unterhaltung* — zabava, razonoda
*unterondluju* — zabavljaju
*uram* — gospodin
*userdije* — usrdnost
*utončati* — doterati, usavršiti
*uzriti* — videti
*uže djelo soveršeno jest* — sad je posao završen

*val* — koprena, veo
*veksla* — menica
*venigstens* — barem

*vesma* — veoma
*veščestvenost* — stvarnost
*vešči* — stvari, predmeti
*vi kec?* — kako ste?
*vikler* — ženska pelerina koja se nosila prvenstveno preko balskih haljina
*vircauz* — krčma
*virklih* — zaista
*viršoft* — domaćinstvo
*visokošpočitajemi* — visokopoštovani
*vispren* — uzvišen
*vist* — kartaška igra
*vivat* — živeo
*vizita* — poseta
*vjedati* — znati
*vježestvo* — znanje
*vnimanije* — pažnja
*volšebnica* — čarobnica
*voobraziti* — umisliti, maštati
*voobraženije* — uobrazilja, mašta
*vo svoja si* — gde joj je mesto
*voshičenije* — uzbuđenje
*voshititi se* — uzbuditi se
*vovjeriti* — poveriti, dati
*vozljubljen* — omiljen
*vsjačeski* — doista, zaista, svakako
*vsuje* — uzalud
*vtori* — drugi
*vu mave tužur fe tan damitije!* — bili ste prema meni uvek prijateljski raspoloženi!

## REČNIK MANJE POZNATIH REČI I IZRAZA

*zamešateljstvo* — zabuna
*zane* — jer, što
*zefir* — povetarac; fina tkanina naročito za košulje
*zjelo* — vrlo, veoma, silno
*zovomoj* — zvani
*zudringlich* — nasrtljiv, nametljiv
*zumahl* — osobito, naročito

*ženiranje* — ustručavanje
*žirafe* — zapravo *agrafe* — kopče, ženski ukrasi

## SADRŽAJ

Laža i Paralaža......................1
Kir Janja...................53
Pokondirena tikva................107
Rodoljupci................173

Beleška o piscu................243
Rečnik................245

Jovan Sterija Popović
KOMEDIJE
Laža i Paralaža
Kir Janja
Pokondirena tikva
Rodoljupci

London, 2023

Izdavač
Globland Books
27 Old Gloucester Street
London, WC1N 3AX
United Kingdom
www.globlandbooks.com
info@globlandbooks.com

Naslovna fotografija
Paolo Chiabrando
(https://unsplash.com/photos/G16kFHYvCoQ)

www.ingramcontent.com/pod-product-compliance
Lightning Source LLC
Chambersburg PA
CBHW070649120526
44590CB00013BA/882